Tomihiro Nonaka

芸妓たちの野球チーム

鹿沼町花街小史

ZUISOUSHA

キャット倶楽部メンバー（昭和 10 年頃）

キャット倶楽部（昭和 10 年頃）

大澤楼の舞台にて（戦後）

洋装の芸妓たち（戦後）

紅鹿チーム（昭和 25 年）

紅鹿チーム投手・ひょうたんさん（昭和 25 年）

紅鹿チーム捕手・ヒロ子さん（昭和 25 年）

鹿沼芸妓慰問団の壮行（昭和 17 年）

慰問先での記念写真（昭和 17 年）

旧鹿沼商工会議所前、商工会議所の花屋台の前での記念写真（昭和 28 年頃）

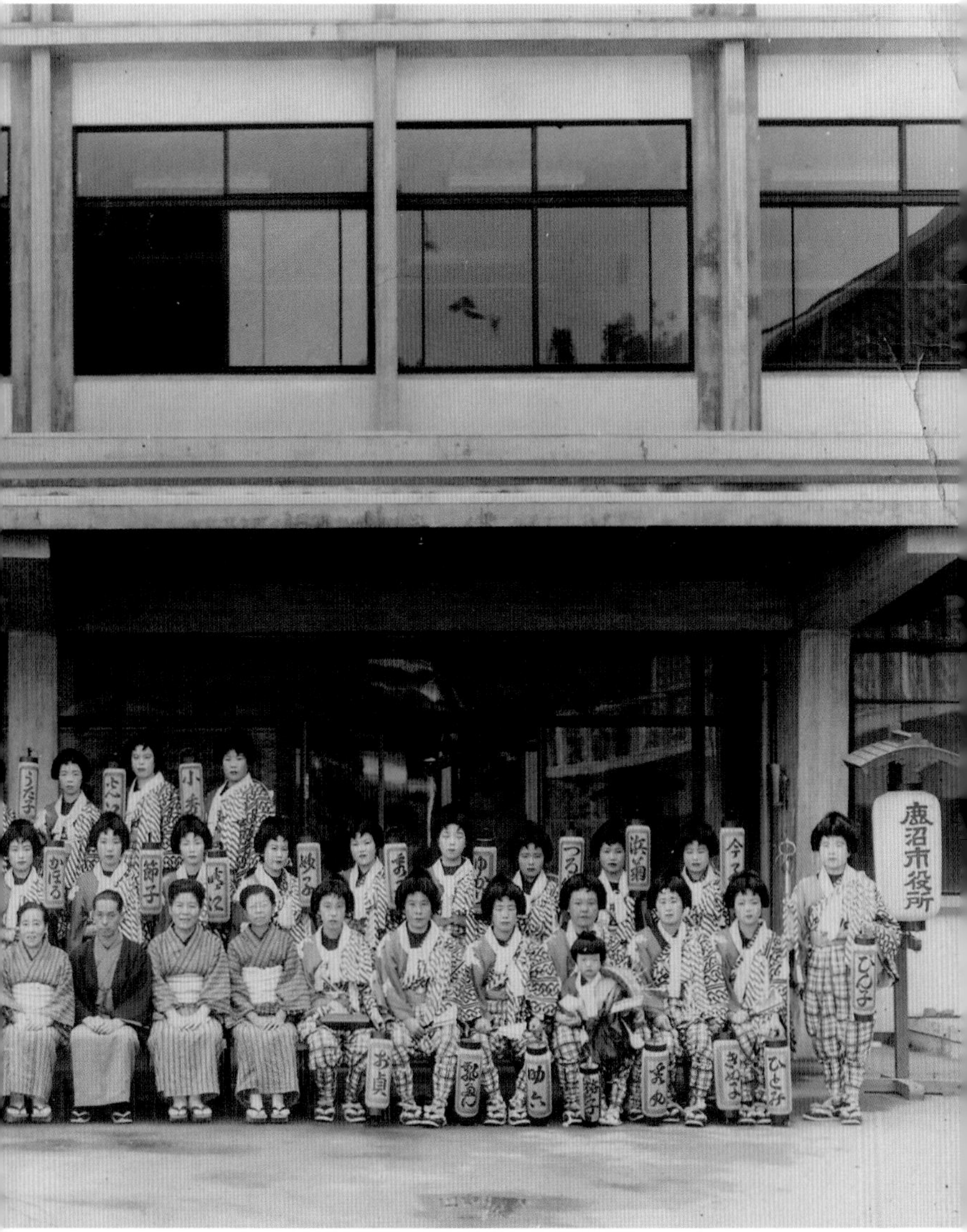

鹿沼市役所玄関前、市制十周年記念秋まつりの際の記念写真（昭和 33 年）

鹿沼市役所
菊江
七子
千秋
ひな子
勝美
久丸
よし子
千歳
いろは

秀丸さんの
祭半纏（前）

鹿沼町内の名所、物産などを紹介した小冊子『鹿沼来たなら』（昭和12年）

秀丸さんの
祭半纏（後）

「椿森稲荷神社」遷座記念碑（前面）

年始の芸妓たち（昭和 30 年代）

芸妓《げいぎ》たちの野球《やきゅう》チーム

鹿沼町花街小史

野中富弘

目次

凡例

一　史料引用文中の傍線は、全て引用者によるものである。

一　史料引用文中は、原則として旧字体を新字体に改め、適宜句読点を補いルビを付した。また中略箇所は（…）と明記した。

一　引用文中に、現代においては不適切な表現が見られるが、時代背景や史料の性質を考慮し原文のまま用いた。

一　「げいしゃ」の表記は原則「芸妓」で統一した。ただし「深川芸者」など複合的に使用される場合等「芸者」の表記が一般であるものはその限りではない。

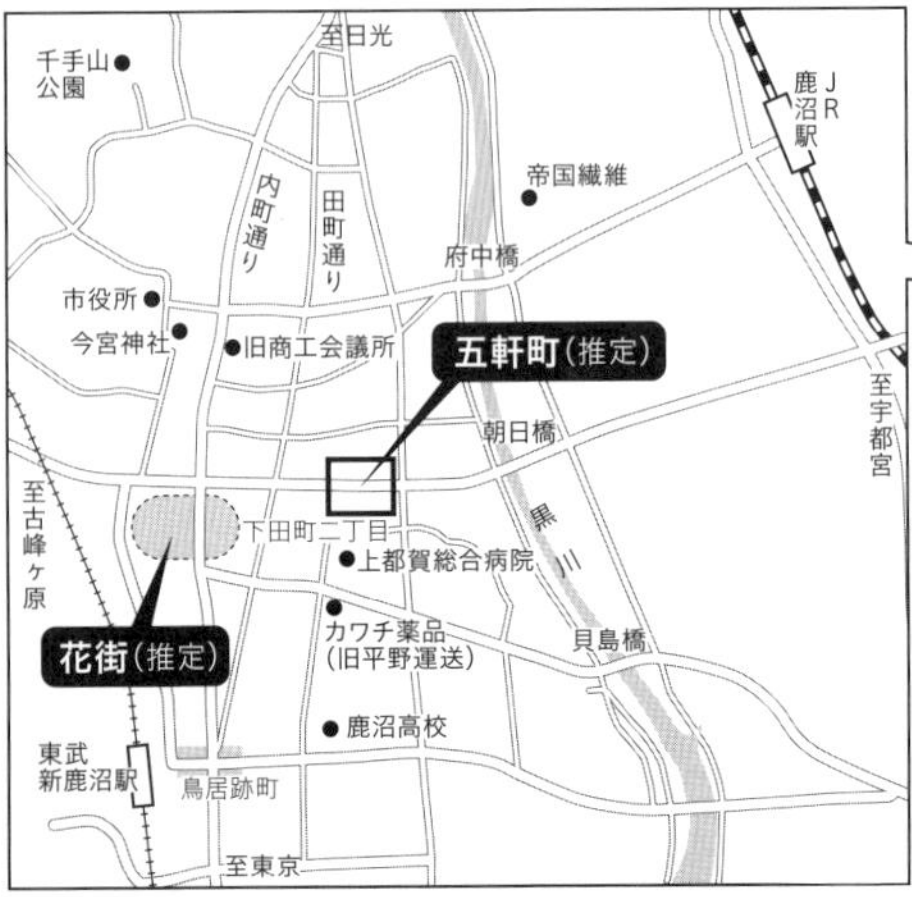

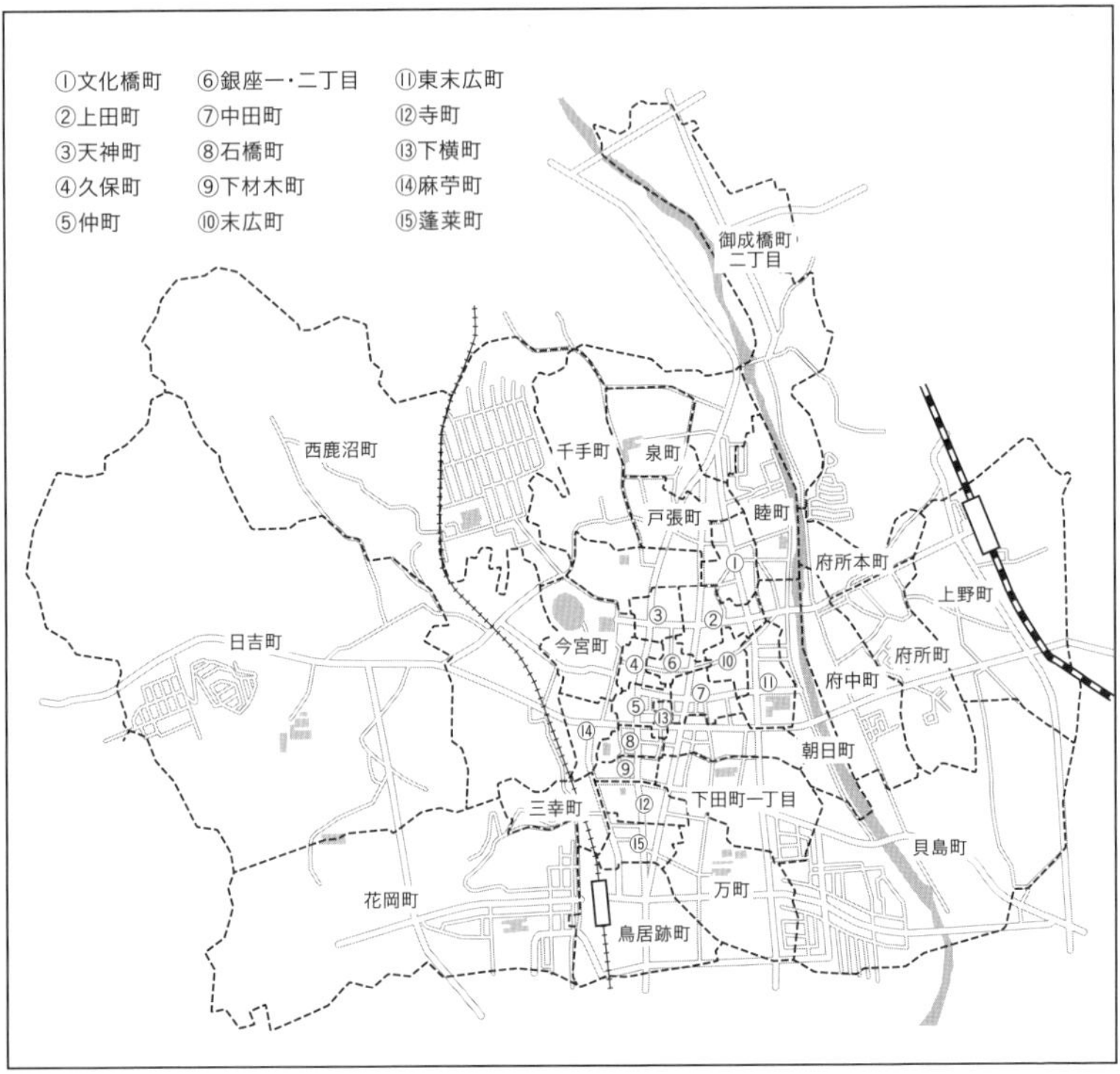

鹿沼市（上右）・**五軒町と花街**（上左）・**旧鹿沼町域**（下）

序章

鹿沼に花街はあったのか

内町通りに並び出初式の分列行進を待つ芸妓衆。華やかな新年の装いが目を引いたであろう（昭和40年代）

本書は栃木県鹿沼市内にかつて存在した花街《はなまち》の歴史を全般的な対象としている。

今では閑静な鹿沼の市街地に、華やかな芸妓の行き交いが絶えない喧騒の巷《ちまた》があったと想像することは難しい。私が子供の頃には、現役の芸妓さんがまだ営業を続けていたのかもしれないが、生家は市街地から離れることもあり、残念ながら巷に流れる三味の音や謡の声は記憶に残っていない。ただ、一九七〇年代後半から八〇年代にかけては、芸妓が業の場とした旅館や料理店の多くは営業を続けており、盛り場の喧騒は余燼《よじん》のように町の至る所に燻っていたのではないか。

鹿沼市は栃木県の中央西部に位置し、北部は日光市、南部は栃木市、東部は宇都宮市に隣接している。西北部の足尾山地を水源とする大芦川や黒川、荒井川、粟野川等の多くの河川が南流し、黒川の堆積作用による低地に家屋が集積することで市街地が形成された。

鹿沼の市街地は、南北に並行する通り（内町通り・田町通り）沿いに形成された町場（内町・田町）とそれを東西に結ぶ上横町（現・銀座一丁目、二丁目）と下横町の二本の連絡道路で結ばれた明治初年における鹿沼宿の形態を引き継ぎ現在に至っている。なお内町通りは現在も国道293号（例幣使街道）として幹線道路の機能を維持している。

鹿沼における花街は、この内町通りを挟んだ石橋町及び下材木町の二町に及ぶ限定された一帯と認識されている（図1）。『鹿沼市史』（民俗編）では「花柳界と遊廓の風俗」（三五七頁〜三五九頁）として一節が割かれており、また当地にお住まいの方から得られた多くの証言も、鹿沼に花街が存在したことを裏付けているようだ。しかし、私たちは「花街」という場所について、どの程度明確な認識を有しているのだろうか。ここではどのような構成要素から成り、性格を有する街区を花街と呼ぶのかという前提に立ち返り、そのような「定義」に合致する街区が鹿沼に存在したのか改めて検証を試みたい。

図1　現在の石橋町（上・内町通り、下・料亭街）
内町通りは、現在も市街地を貫通する主要道路（国道293号）として機能している。大通りから入った場所に当時から営業を続ける料理店がある

1.「花街」とはどのような街区か

研究者や好事家でない限り、花街としてイメージするのは、例えば舞妓が行き来する京都祇園の風景、あるいは時代劇で見かけるような格子の内に覗く着飾った花魁の姿かもしれない。近年では漫画(アニメ)『鬼滅の刃』で吉原が描かれたことを記憶する方もいるだろう。しかしここには、遊女が主体である「遊廓」と芸妓が主体である「花街」という概念の混同がある。遊廓は、遊女(娼妓《しょうぎ》)が性売を行うことを公許された空間であり、江戸時代においては江戸の新吉原、京都の島原、大阪の新町、さらに長崎の丸山を加えて四大遊廓とされた。江戸にはこの他に岡場所と呼ばれる非公認の遊里が存在し、また各地の宿場には給仕の他に性売を行う飯盛女《めしもりおんな》(食売女)が雇用される飯盛旅籠《めしもりはたご》があった。これらの集娼エリアが明治時代に近代的法整備の下に再編され、「遊廓」は娼妓が性売を行う「貸座敷《かしざしき》」の営業が許可された区域として再定義されていった。近代における遊廓は、「廓」の示す通り境界によって外部と分け隔てられ、廓内の建築物の規格や道路幅等も厳密に規定された特殊な区域だったが、その目的の一つは、娼妓を囲い込み登楼者の出入りを徹底管理することにより性病の拡大防止を図ることであった。

一方、花街は主に「三業」と呼ばれる芸妓屋と料理店や待合（待合を除く場合は二業）、そして仲介や遊興費の精算を行う見番《けんばん》（検番）によって構成されており、加藤政洋によれば何よりも「芸妓」が営業する場所であることを基本要素としている。[※1] 性売を主業とする娼妓と異なり芸妓は宴席に侍り唄や舞踊によって客をもてなすことを身上とし芸事への精進こそが彼らの矜持であったが、「不見転《みずてん》」と呼ばれる性売を半ば専門とする芸妓もあった。遊廓外における芸妓や女給、酌婦等による私娼行為は取締の対象であったが花柳病予防法の施行（一九二八年）後は検梅《けんばい》と呼ばれる性病検査の義務化等により多くは黙認されていた。

次にこれらの構成要素がどのように関連し花街特有の様態が形成されているのかについて見ていこう。まず料理屋や待合を訪れた客が店に芸妓を所望した場合、店側は見番に芸妓の出張を要請する。見番では空き状況や客の希望に応じて芸妓の派遣を芸妓屋に依頼し、芸妓が「箱入り」の運びとなる。その後料理屋が客から徴収した遊興費は見番で精算し芸妓屋に支払われる。およそこのようなサイクルにより三業（二業）の営業は維持されていた。こうした芸妓屋・料理店・

※1　加藤政洋『花街』朝日新聞社、二〇〇五年、七頁。

待合の営業が「三業地」として許可された区域が花街と同意義とされる場合もあるが、この三業地にも明治維新前からある花街が「慣例地」として認められる場合や、東京・白山のように事業者の請願によって新規に地区指定される場合があった。しかし、東京以外の地方においては地区指定を受けない花街も多く、それらは町の繁華街を中心に芸妓屋や待合等が集積し自然発生的に形成された区域がそう言い慣わされてきたといえよう。そして、何よりこうした花街には遊廓のような境界設定による内外の区別は存在せず、芸妓の出向先も同一エリア内の料芸組合に所属する料理店等を基本的としながらも移動は制限されていなかった。

花街にはしかし、大阪南地のように芸妓と娼妓を並置する場合もあるなどその形態には地域差があり一様ではなかったが、概ね芸妓屋から派遣された芸妓が市街地に散在する料理店や待合等で営業する街区であったと理解できよう。それでは、このような定義に該当する街区が果たして鹿沼にあったのだろうか。

2. 鹿沼に花街はあったのか

昭和二四（一九四九）年の『下野新聞』に「あの街・この街」と題した記事が不定期に掲載された。県内の町を訪ね土地の来歴や名所旧跡を案内する内容であり、鹿沼市の石橋町と下材木町は次のように紹介された。

あの街この街・鹿沼編（石橋町）

この町は鹿沼市の中心街であり政治、経済両面から見ても枢要な地域である旧例幣使街道に面している（…）舗装の行届いた表通りがちょっと粋な家並に変る、市内で花柳街といえばこの町裏と下材木町がすぐ脳裏に浮ぶ、（…）芸妓屋も多く七、八軒も固まっており紅燈の下に絃歌さんざめくのもこのあたりだ、徳川の代には宿場遊女屋があったというが明治四十年のころ五軒町附近に移転、現在に至っては市内にはほとんど影をひそめてしまった

（『下野新聞』昭和二四年九月二十七日）

あの街この街・鹿沼編（下材木町）花柳界と食道楽の街

石橋町から南へ下る旧例幣使街道がこの町である（略）表通りは旧例幣使街道の他町と同様これといって商売上の特徴は見られないただ裏町は「花の石橋」に対し「女の下材木」と鹿沼小唄に歌われるだけあって全くの花柳街である（…）街は裏に入ったところ料理屋芸妓屋が軒をつらね市内に少ない軽い飲み屋もこの辺に多い（…）この街は大衆的な飲食街ともいえる食道楽にはもってこい　紅燈の門構えから粋な爪びきの音、のれんたぐる握りずしの味など情緒も深い

（『下野新聞』昭和二四年十月五日）

ここでは、両町が「花柳街」であったことが明確に記されている。石橋町には複数の芸妓屋があり、明治時代後半に「宿場遊女屋（飯盛旅籠）」が「五軒町（遊廓）」に移転した経緯についても触れられている。一方、下材木町には芸妓屋に加え大小の料理店が蝟集《いしゅう》し「食道楽にはもってこい」の界隈であったことが分かる。記事内容は大衆の認識を反映したものであると考えられるため、そこが「紅燈の下に絃歌さんざめく」一帯であったと自然に了解できたのであろう。

次に、昭和四十年代前半の石橋町と下材木町の一帯を表した市街地図（図2）を見てみよう。本図は『鹿沼市住宅地図』（一九六八年版）をベースにし『鹿沼市商工名鑑』（一九六六年版・一九七一

図2　昭和40年代前半の鹿沼市街地（石橋町・下材木町）
『鹿沼市住宅地図』（1968年版）を元に、商業分類は主に『鹿沼市商工名鑑』（1966年版・1971年版）によった。芸妓屋の所在地は『全国芸妓屋名簿』（1962年版）を参照した

年版）を参考に業種を表す記号を振ったものだ。内町通りに沿って、老舗・橋田旅館の他、時計店、洋服店、陶器店等の生活用品、また青果や鮮魚、酒屋、米穀店等の食料品の小売業が立地している。対して路地を入った「町裏」には飲食業や小規模の商店が軒を連ねる他、町並みに混在するように芸妓屋（置屋）が位置していることが分かる（図3）。

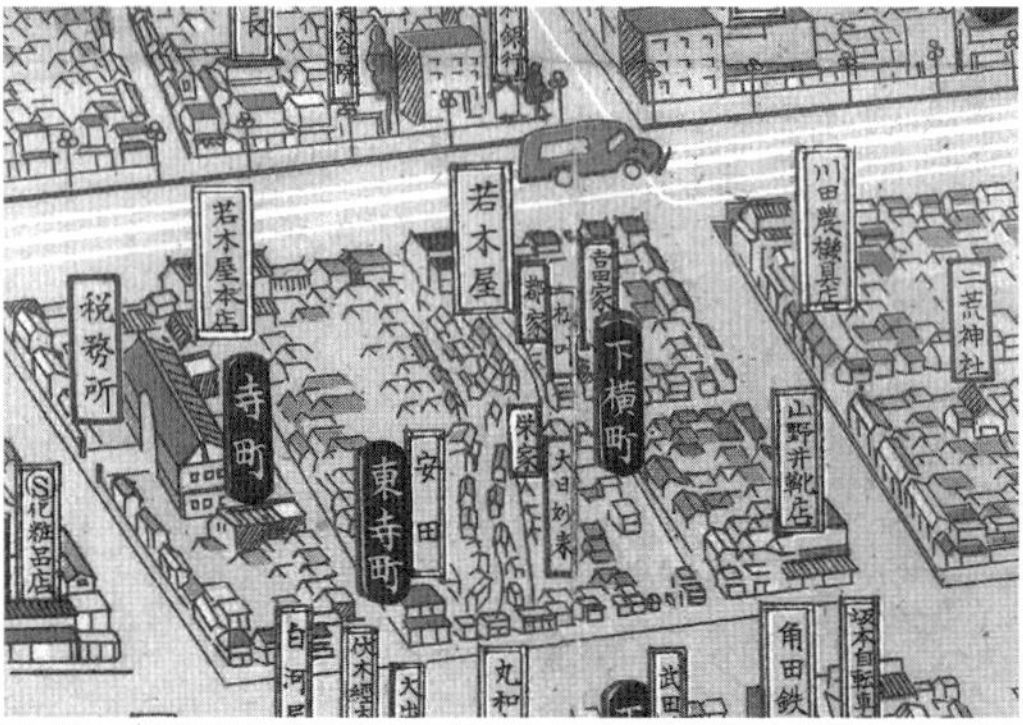

図3 『躍進鹿沼市全景絵図附商工業案内』（一九四八年）部分
本絵図は鹿沼市制施行を祝って作成された。湾曲する路地に沿って吉田家、都家、松叶、栄家等の芸妓屋が並んでいることが分かる

鹿沼市旧市街地における生活環境の変遷を研究した渡邉貴明は、内町通りが交通機能や商業活動の中心を担う都市の大動脈であったのに対し、車両の進入を許さない路地裏は住民の私的生活を支える空間であり、こうした都市の「表裏」が相互に補完し合い有機的で安定的な空間形成に寄与していたことを指摘している。※2

しかし町裏に営まれた「向こう三軒両隣」のコミュニティ空間は、近年の区画整理や道路拡幅事業による影

※2 渡邉貴明「鹿沼市旧市街の歴史的生活環境に関する研究」二〇〇八年、四三頁。

響を受け、内町通り東側の料理店「鹿沼軒」があった一帯は平成十八（二〇〇六）年に完了した「下横町周辺土地区画整理事業」によって大きく相貌を変えた。

同じく渡邉は、一帯が都市の「裏側」であると共に公権力の及ばないアジール的な機能を有した「境内《けいだい》」空間であった可能性について指摘している。深川をはじめ門前町や社寺の参詣路に盛り場が発達する例は少なからず見られ、薬王寺や大日如来（田町通り側）を中心とした立地展開を考慮すれば、大変興味深い推論である。

さて、一九七一年版の商工名鑑に掲載された両町における飲食業の数は、芸妓の派遣先となる料理店が十一軒ある他、飲食店が十一軒、酒場・バーが十三軒、喫茶店が二軒ある。薬王寺南側に注目すると、進駐軍の接待にも使われたと伝わる料理店・喜楽に向かって、

図4 「出世街道」（上・昭和40年代、下・現在）
上写真の板塀は料理店・喜楽。向かいには「バー珊瑚」の看板が見える。下写真は同じ場所の現在の様子

スナックやバーが櫛比《しっぴ》するように入居する長屋型の店舗が見える。この喜楽と長屋に挟まれた東西に延びる小路が「出世街道」と通称されたように、一帯は毎夜多くの酔客で賑わう盛り場であったことに疑いはなかろう（図4）。

また、芸妓屋については『全国芸妓屋名簿』（全国芸妓芸妓屋同盟会、一九六二年版）を参照し、図2上には所在を比定できるものを★印（九軒）で示した。同名簿には鹿沼市内十七軒の芸妓屋が掲載されており、石橋町には松叶《まつかのう》、吉田家、喜代栄《きよえい》、秀瓢、君瓢の五軒、下材木町には瓢《ひさご》、都家、生稲《いくいね》、新寿々本、吉本の五軒の芸妓屋があった他、薬王寺前には事務を執り行う見番（芸妓事務所）があった。この頃、栃木県内には同盟会に加入する芸妓組合が鹿沼を含め十五あった。芸妓屋数は塩原温泉芸妓芸妓屋組合（四四軒）が最も多く、佐野芸妓組合（四十軒）、宇都宮芸妓連絡事務所（三四軒）、足利芸妓芸妓屋組合（三一軒）と続いた。鹿沼と規模を等しくするのは大田原芸妓屋組合（十七軒）や、今市市芸妓芸妓屋組合（十三軒）等である。

以上から、戦後から高度成長期にかけての石橋町・下材木町の一帯が、料理店や芸妓屋がある程度の集積を見せる「花街」的な性格を帯びた街区であったことが理解できよう。第一章以降では、こうした花街がどのように形成され衰微していったのか、その歴史的な変遷を追っていこう。

3．なぜ鹿沼の花街を対象とするのか

芸能史や文化史、民俗学の視点から、花柳界や花街という特殊な社会を考察する研究は今までにも深められてきた。在野の郷土史研究者によって著された各地の花街史も数多く存在する。[※3]また栃木県内の各市町村史にも花街についての記述が散見されるが、芸妓を謡や舞踊によって宴席に華を添える職業女性としてのみではなく、地域の社会経済の一端を担うプレーヤーとして捉え、花街を近代史のパースペクティブから俯瞰する研究は多くはなされていないのではないだろうか。

本書では、江戸時代における宿場町の成立から明治期の殖産興業政策を背景に鹿沼町における花街の成立過程を通観する。さらに公娼制度の確立や大正期における社会運動の高揚等の歴史的事象が、そこで業を行う芸妓たちにどのような影響を与え変化を促したのか、芸妓の野球チーム結成が偶発的な出来事ではなく、地方都市の発展や享楽産業の変容過程における一つの帰結であっ

※3 小寺平吉『北海道遊里史考』（一九七四年）、佐藤清一郎『秋田県遊里史』（一九八三年）、根岸省三『高崎郷土花街史』（一九八一年）、田村昭『仙台花街繁昌記』（一九七四年）、岡長平『色街ものがたり―岡山花柳史』（一九六九年）等が挙げられる。

たことを示し、花街や芸妓を地域史の中に位置付けることを目指した。

花街の繁栄は、社会経済の発展や人口の増大と密接に関係しており、鹿沼における花街の消長も近代期の地方都市にあっては必ずしも例外的なものではない。むしろ大正期における遊興税導入への対応や十五年戦争下（一九三一～四五）において展開した銃後活動など、他地域との比較において複数の共通項を見出すこともできるだろう。遊里は交通や流通の要衝である街道の宿場に多く形成されたが、本書では鹿沼町を事例として、宿場町を基礎として成立した地方都市における花街の典型的な様態を描出することにも努めた。

その上で「鹿沼」というローカル性にこだわった理由としては、製麻工業や木工業等の基幹産業や今宮神社例大祭等の伝統行事、御殿山公園をホームグラウンドとした野球文化の興隆等、地域特有の文化歴史的要素や地理的条件が花街の変化や芸妓の諸活動に与えた影響も等閑視できないと考えたためである。今後、栃木県内の宿場町に淵源を発する花街について同様の研究が深まれば、共通要素の析出や地域間における相違の明確化がなされ、相対的な比較が可能になると考える。本書が将来なされるべき研究によって批判的に参照される指標となり得れば幸甚である。

また近年では、『性差《ジェンダー》の日本史』展（国立歴史民俗博物館、二〇二〇年）において、遊女から娼妓に至る性売買の歴史が取り上げられるなど、ジェンダーやセクシュアリティの側面からも当該分野への関心が高まっている。現代において「花街」「芸妓」についての考究を意義あるものとするには、これらはアクチュアルな要素として必須となるだろう。

さらに歴史学分野においては、藤目ゆき『性の歴史学』が比較歴史学的な視点から日本における廃娼運動の欺瞞《ぎまん》性を暴き、藤野豊『性の国家管理』は公娼制度を近代日本が確立させた軍隊擁護のための性病予防制度であったとし、当該分野における研究が新たな段階に移行したことを示した。その後も民衆史（小野沢あかね『近代日本社会と公娼制度』）や都市社会史（吉田伸之・佐賀朝による「遊郭社会論」）、歴史地理学（加藤晴美『遊廓と地域社会』）等の視点から、多角的な研究が進められている。さらにはカフェーの女給や私娼を対象とした小関孝子『夜の銀座史』、寺澤優『戦前日本の私娼・性風俗産業と大衆社会』等は従来の公娼制度を中心とした研究を補完する成果といえるだろう。

デジタル化資料の進展が寄与したこともあり、性売買や近代の風俗産業に関する研究の裾野は広がり続けている。地方都市の花街というマイナーな対象を広汎な視野から考察する上でもこうした先行研究の成果には多くの恩恵を蒙っている。

4．本書の構成

本書では、以上のような問題意識に基づき、鹿沼における花街についての叙述に加え、背景となる社会経済や政治的状況にも力点を置いた。

参考資料としては、県議会史、各市町村史、県警史、統計書類、新聞記事等が挙げられるが、特に新聞は花街や芸妓の動向や事実関係を捕捉する資料として多く活用している。新聞記事は事実に対する誤認や偏向も考えられるため取り扱いには細心の注意を要するが「当時の人びとの共有していた意識や価値観」[※4]を理解する上でも重要な知見が得られるものと考える。

本書の構成は次のとおりである。第一章では、江戸時代後期に鹿沼宿における芸妓定着の濫觴《らんしょう》を求め、明治維新以降の国家政策（殖産興業、公娼制度）が花街の形成や発展に与えた影響につ

※4　松沢裕作・高嶋修一編『日本近・現代史研究入門』岩波書店、二〇二二年、三九頁。

いて考察する。第二章では、花街の急激な拡大によって「私娼化」等の風紀悪化が表面化する中、芸妓たちは自己変革を余儀なくされるが、鹿沼における芸妓たちの野球チーム結成をそうした「芸妓改良」の帰結的実践であったことを指摘する。第三章では、戦争の時代に移行する。総力戦体制下における花街の動向や芸妓たちの展開した銃後活動の諸相を描出し、さらに国家が率先した優生政策が芸妓たちに与えた影響についても注目する。第四章では、戦後深刻な食糧難に花街が襲われる中、GHQ／SCAP（連合国軍最高司令官総司令部、以下「GHQ」と表記）主導による民主化政策や公娼制度廃止後の性売行為の「潜在化」が芸妓たちの営業形態や意識にもたらした変化に注目する。第五章は、第四章のテーマ「芸妓の民主化」を引き継ぎながら戦後スポーツの復活という側面から、鹿沼芸妓たちが展開した活動に対して光を当てる。最終章となる第六章は、戦後復興を遂げた花街が高度成長期にかけて、最後の繁栄を迎えやがて衰退していく過程を、産業構造の変遷や中心市街地の景観変化等を背景に浮かび上がらせる。

補章では、明治時代後半に鹿沼町に成立した遊廓「五軒町」の歴史について概観する。上村行彰『日本遊里史』（春陽堂、昭和四年）巻末に掲載された「日本全国遊廓一覧」によれば、当時遊廓は国内に五三九、栃木県内に二二カ所を数えたが、鹿沼のように同一町内に花街と遊廓が併存する形態は中小地方都市における空間配置の典型を示すものであった。五軒町では朝帰りの主人を家の者が大門まで迎えに行ったという話が伝わるが、こうした主人（家長）の放蕩を許容する封建的規範こそが遊廓や花街を長期にわたり維持温存させる下部構造となっていたと考えられないだろうか。詳細は本章に譲るが、「遊廓」を「花街」と対置させることで、地方都市における風俗産業や遊興空間の様態に対してより立体的で総合的な考察が可能となるだろう。

第一章

鹿沼町における花街の形成

「株式会社鹿沼商業銀行新築落成式余興手踊」（絵葉書）『下野新聞』（明治 44 年 3 月 2 日）にも同余興の稽古に余念のない芸妓たちの様子が報じられた

栃木県内において明治以降、江戸時代に整備された街道沿いの宿場や城下町など人や物流が集積する要衝地に多くの花街が形成されるに至った。宇都宮をはじめ、大田原・黒羽・烏山・足利・小山・佐野・真岡等、各市町におけるこうした花街の成立した経緯を辿ることは必ずしも容易ではないが、殖産興業政策下における商工業の発展や、それに伴う人口の増加・集中が風俗産業の活性化をもたらし、料理店や芸妓屋等の関係業種が集積する街区の形成がなされていったと考えられる。なお、栃木県内の花街の特徴としては、「待合《まちあい》」（芸妓を呼んで遊興や飲食を行う場所）が存在せず、料理店と芸妓屋の二業（待合や貸席等が加われば三業）によって成立していた点が挙げられよう。

本章においては、栃木県鹿沼市（旧・鹿沼町）における花街成立の起源を日光道中壬生通りの宿場町として栄えた江戸時代に遡り、明治時代以降の商工業都市としての発展や、市街地中心部からの遊廓の分離成立が花街に及ぼした影響について考察したい。

1. 鹿沼宿への芸者の定着

江戸時代前期に日光道中壬生通りの宿場町として成立した鹿沼宿は、やがて下野中西部における産業や商業の中核地となり同中後期にかけて隆盛を誇ることとなった。また鹿沼宿は日光例幣使街道に通じていたことから、多種多様な身分や職業の人々が往来し、天保年間には壬生通りの宿場内で最大規模の人口を誇ったという。[※1] 宿場には給仕の他に性売を行う飯盛女（食売女）を置く飯盛旅籠があり、文政十（一八二七）年における鹿沼宿における飯盛旅籠は約二十軒を数えた。[※2]

一方、三味線や唄、舞踊などの芸事を業とした芸者が、鹿沼宿に定着した時期はいつ頃だろうか。元禄期（一六八〇〜一七〇九）以降、江戸では歌舞伎踊が大衆化する中、武家屋敷などで三味線と舞踊を披露する「踊子《おどりこ》」が現れ、寛延〜宝暦期（一七四八〜六四）にはそれが「芸者」と呼ばれるようになった。羽織姿で人気を博した「深川芸者」や遊廓における「吉原芸者」が現れ、市中にも芸者屋が増加し、文化文政期（一八〇四〜二九）に町芸者は最盛期を迎えたという。[※3] しかし、こうした芸者文化がその後どのようにして江戸以外の諸地域に分散し定着していったかについては不明な点が多い。[※4]

鹿沼宿と同じ日光例幣使街道にあった太田宿（群馬県太田市）の旅籠屋が江戸より芸者を呼び寄せた例がある。太田宿では兼ねてから助郷村の若者たちが宿場の飯盛旅籠に入り浸り農作業を疎《おろそ》かにする退廃化が問題視されていたが、文化十（一八一三）年に助郷村の名主から飯盛旅籠の設置に反対する内容の訴訟文が提出された。その中に「江戸表より女芸者共入込三味線・太鼓にて打囃し、兎角諸人之心を乱し」と、旅籠屋が経営手段として飯盛女に遊女まがいの華美な服装をさせた他、江戸より女芸者を呼び寄せたことについて触れられている。[※5]この頃、関東地域においてはまだ、芸者が「江戸表」から呼び寄せる特別な存在であったことが分かる。

鹿沼宿では、一七〇〇年代末頃から今宮神社祭礼の付け祭りが盛大に行われるようになったが、寛政六（一七九四）年の付け祭りのため江戸から呼び寄せた芸人への支払記録に、「金拾両　江戸振付一人　子供二人給金二遣す」とある。[※6]文政・天保の改革以前の踊り屋台では、江戸などから専門の芸人を招き、踊りや芝居・狂言を演じさせていたが、[※7]雇われた芸能者の中には祭礼後も当地に残留する者もあったであろう。

太田宿のような飯盛旅籠への臨時雇いの他、こうした芸能者の往来にも鹿沼をはじめ下野国内における各宿場への芸者定着の濫觴を求めることができるのではないだろうか。[※8]

さて、明治五（一八七二）年十月、「娼妓芸妓年季奉公人一切解放可致、右ニ付テ貸借訴訟総テ不取上候事」（太政官達第二九五号）及び芸娼妓を「牛馬に異ならず」とした司法省達第二三号を併せた所謂「芸娼妓解放令」が発せられ芸娼妓の人身売買は禁止された。しかし飯盛旅籠は、娼妓（飯盛女）に性売の場所を提供する「貸座敷」に改められ、娼妓には性病検査を課した上で性売を行うことで前借金の返済を求めたため、実質的な拘束状態は継続した。太政官布告第一四〇号により国税と府県税という税体系が明確化された明治八（一八七五）年に編成された『栃木県治一覧表』によれば、栃木県内における娼妓数は九三四人、芸妓数は一三〇人とある。娼妓・芸妓には鑑札に基づいた賦金や税金が課され県の収入となった。

※1『鹿沼市史』（通史編近世）鹿沼市、二〇〇六年、一二七頁。
※2 前掲『鹿沼市史』（通史編近世）三四五頁。
※3 芸者の成立経緯については、赤坂治績『江戸の芸者』（集英社新書、二〇二三年）を参考にした。
※4 宮島新一『芸者と遊廓』青史出版、二〇一九年、七四頁。
※5『太田市史』（資料編　近世三）太田市、一九八三年、六〇一頁。
※6 前掲『鹿沼市史』（通史編近世）三八三頁。
※7『鹿沼市史』（民俗編）鹿沼市、二〇〇一年、六七二頁。
※8 渡辺康代「宇都宮明神の『付祭り』にみる宇都宮町人町の変容」（『歴史地理学』第四四巻二号、歴史地理学会、二〇〇二年）三八頁。

2．商工業都市・鹿沼の成立と歓楽街の形成

鹿沼では明治維新後、明治六年（一八七三）の大区小区制、明治十一（一八七八）年の地方三新法（郡区町村編制法）を経て、明治二二（一八八九）年の市町村制施行により現在の市域が鹿沼町をはじめ一町一三村に再編成された。[※9] 鹿沼町の町域は鹿沼宿・下府所村・西鹿沼村・花岡村である。また、明治十八（一八八五）年七月に日本鉄道会社によって東北本線（現・JR東北本線）大宮～宇都宮間が開通し、県庁所在地の宇都宮町と東京間が結ばれた。翌年、鹿沼町の有志家一同から県令に「宇都宮ヨリ今市宿マデ汽車小鉄道敷設願」が提出され、宇都宮への路線接続による物資輸送の発達や日光への観光客の増加など産業活性化への気運が高まった。そして明治二三（一八九〇）年六月に日本鉄道日光線（現・JR日光線）宇都宮～今市間が開通し鹿沼駅が開業、駅から鹿沼市街地へ向かう連絡道路も新設された。さらに同年四月には、日光奈良部村（現・鹿

※9『鹿沼市史』（通史編 近現代）鹿沼市、二〇〇六年、一二七頁。

沼市日光奈良部町）の事業家・鈴木要三を中心として創立された下野麻紡織会社（帝国繊維鹿沼工場の前身）が黒川左岸（下府所村）に開業した。工場の立地や町内外の物流を促進させる交通網の発達は同時に、駅周辺への運送店・旅館等の開業や工員等就業者の増加による新たな消費需要の産出など、町中心部に至る商業機能の充実に繋がったと考えられる。また、これら商工業者を金融面から支えるために、明治二六（一八九三）年に鹿沼銀行、日清戦争終結後の明治二八（一八九五）年には鹿沼商業銀行が設立されている。

明治二十〜三十年代を最初の到達点とする商工業都市としての発展に伴い鹿沼町では、商工業者や工場就業者等の市街地中心部への流入が進んだ。人口の増加は、特に石橋町から下材木町にかけてのエリアの歓楽街化に拍車をかけただろう。石橋町は、江戸時代に大名や例幣使の宿泊施設となった本陣が置かれ宿場の主要な機能を司るエリアであり、同町から下材木町にかけては多くの旅籠が集積していた。飯盛女を置く飯盛旅籠は明治維新以降「貸座敷」として継続するものもあり、さらに「玉突き場の設けあり」とする料理店・大澤楼や「東京ビーヤホール」を掲げる畑《はた》訓《くん》太郎《たろう》料理店などの新興店が現れたことで、同町周辺における盛り場としての機能が活性化したと考えられる。※10

※10『鹿沼市史』（地理編）鹿沼市、二〇〇三年、二六四頁。なお、江戸時代の本陣跡に明治時代以降、花街が形成された例として足利市の雪輪町が挙げられる。明治八年に起きた火災により本陣が全焼した後、その跡地が民間に払い下げられ商工業の集積が進んだことが雪輪町における盛り場形成の端緒となった（宇賀神利夫『足利市・雪輪町史』二〇〇一年）。

3．遊廓設置が花街に与えた影響

こうした中、鹿沼町のみならず栃木県内の芸娼妓たちの処遇において転機となったのが明治三二（一八九九）年九月十五日に発された県令六〇号「遊廓設置規程」（以下、規程という）である。明治政府においては、幕末に欧米諸国と締結した不平等条約の改正に向けた欧化政策がとられていたが、栃木県内においても市街地における貸座敷営業の実態が問題視され、対外的な面で悪影響があるという理由から、貸座敷をまとめて町の中心部から離れた場所に移転させる動きが生じていた。

黷行醜業者をして町村の片隅に区域を定め其の区域内に於てのみ営業を為さしむるは実に文明の美挙なり、（略）我県内は到る処正業者と醜業者とを混合して営業を為さしむるは文明国として自負する能はざるのみならず他日条約実施内地雑居するに至らは大ひに外国人の嘲笑を受くるを免かれさる事ならす

（『下野新聞』明治二九年十二月二十六日）

規程は、明治三一（一八九八）年十二月に県会で採択された「遊廓問題ノ儀ニ付建議書」に対する応答として発令されたものであった。[※11] 建議書では、不平等条約改正の実現に伴い外国人が日本国内を自由に移動できる「内地雑居」が実施されるに及び、貸座敷を市街地から分離し漸次遊廓制に移行することを求めていた。

先述のとおり鹿沼町においては、明治維新以降も飯盛旅籠に由来する貸座敷が町中心部の内町通り沿いに他の商家と軒を連ね営業していた（図5）。一八七三年の県布達「貸座敷渡世規則」においては、「貸座敷渡世ハ是迄ノ飯盛旅籠屋駅町ヲ除ノ外新規営業不相成候事」として現状を追認する形で許可されていた江戸時代以来の業態が、近代化の過程において「国ノ体面ヲ害シ国民ノ風紀ヲ紊ス」ものとして問題視されるようになったのだ。

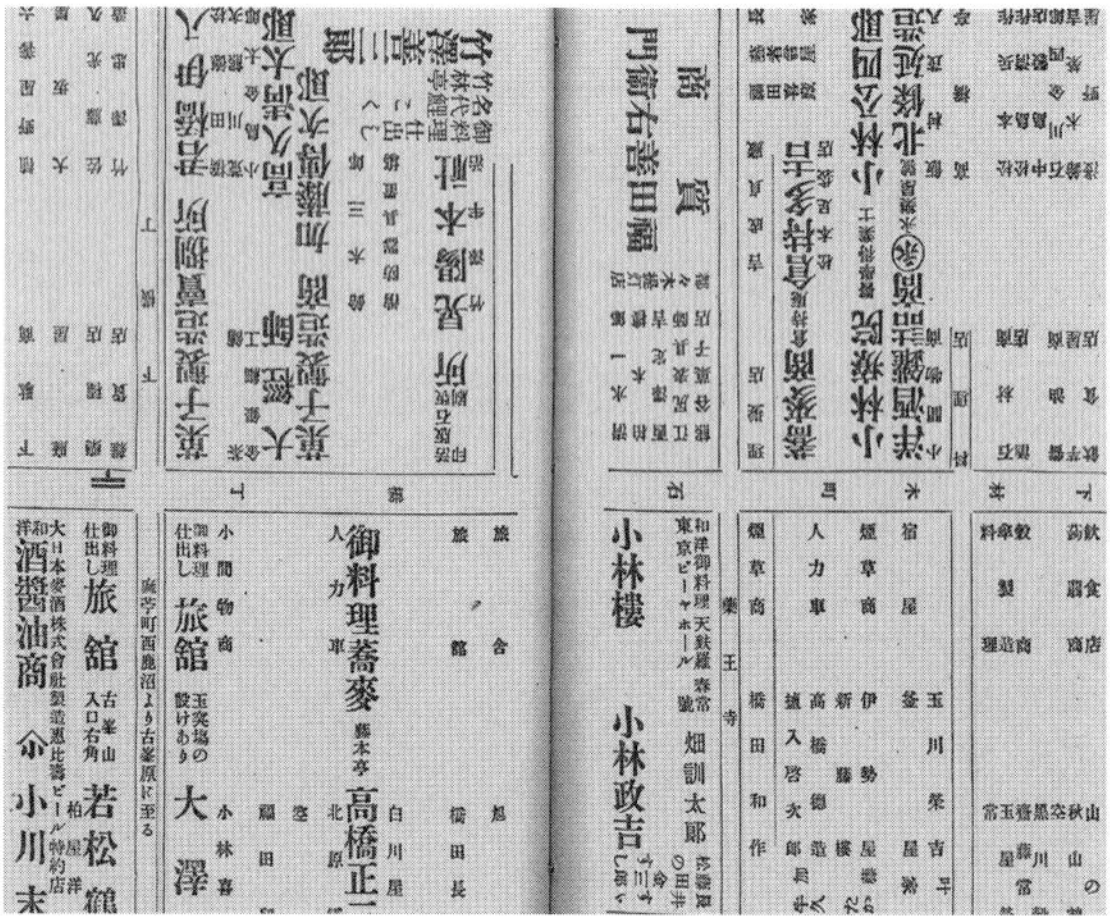

図5　明治時代後半の鹿沼町中心部（『栃木県営業便覧』1907年）
内町通り沿いに、小林楼・柏木楼・新藤楼等の貸座敷が確認できる。
遊廓成立前の市街地の様子がよく分かる

規程は、その第一条で「貸座敷及引手茶屋営業ハ遊廓区域内ニ限ル」とし、第二条では、県内各市町において遊廓を設置する具体的な地域を定めた。鹿沼町における遊廓設置区域は「大字西鹿沼字一丁田」とされた。

ところが、規程に対して「近来の一奇現象」と違和感を示した『下野新聞』[※12]の他、廃娼運動を展開していた足利友愛義団、さらには貸座敷経営者からも非難の声が湧き上がり、同年十二月に県会は「遊廓設置規程取消ニ関スル意見書」を提出した。意見書では、規程の第二条において四箇所の遊廓地を増設するという逆行性が特に問題視された。

規程第七条において規定された遊廓への移転期限である明治三七（一九〇四）年三月が迫る中、突如その年の一月、県令第七号によって移転期限が明治四十年まで延長された。一九〇四年の通常県会において、黒金泰義県警部長は延期の理由について、費用面の問題に加え明治三五（一九〇二）年九月の暴風雨被害により鹿沼をはじめ貸座敷営業者から移転延期の請願があったためと説明した。[※13]しかしその裏では楼主から県当局や県議に対する賄賂疑惑などの醜聞が飛び交っていた。その後、移転期限はさらに明治四一（一九〇八）年三月末まで延長された。

鹿沼町では、当初指定地とされた「西鹿沼」は小学校に近接するという風紀上の理由から地元有力者が鹿沼警察署へ据置請願を提出したことも影響し[※14]「大字鹿沼字後宿」（現・鹿沼市下田町二丁目）に変更された。後宿への移転後、鹿沼町遊廓は、五軒の貸座敷（小林楼・竹澤楼・清水楼・柏木楼・新藤楼）にちなんで「五軒町《ごけんちょう》」、または一般的に遊廓を指す「新地」と呼ばれた。

貸座敷や娼妓が周縁地に分離され、市街地（石橋町・下材木町）に芸妓が残ったことにより、加藤政洋が類型化した「市街地外縁の遊廓、そして中心部の「町芸妓」という空間的な配置[※15]」が成立し、地方都市における典型的な花街が鹿沼町内に形成されるに至ったといえよう。『下野新聞』ではこの間の経緯について、「今般石橋町に於ける貸座敷業者が新遊廓地に移転後は一層寂寞を見るべし[※16]」と、芸妓のみが残った花街の行く末を憂慮する一方で、「貸座敷移転の後は町芸妓が娼妓の代りに毎晩繁昌するならんとの事にて芸妓は今より三月先を楽しみになし居れる[※17]」と、芸妓たちの意気込みを伝えている。これらの新聞記事からは、遊廓移転前における芸妓と娼妓の混在状態が、両者間に微妙な緊張をもたらしていたことを読み取ることができるだろう。茨城県古河市においては、貸座敷に呼ばれた芸妓が娼妓の本職を侵さぬよう、三味線を弾いたり唄や踊りを披露することはあっても遊客と言葉を交わすことは暗黙のうちに禁じられていたという[※18]。遊廓の成立によって、両者間に孕まれていたこうした緊張が解消されるとともに、娼妓が隠されるべき存在として後景化し芸妓たちが花街の主体として前景化されたといえよう。

なお、明治三三（一九〇〇）年十月には、各府県において不統一だった娼妓取締のルールを国家が改めて総括する「娼妓取締規則」（内務省令第四四号）が発令されている。本規則は、娼妓の年齢や居住の制限、名簿への登録制、検梅（性病検査）の義務化、さらには「自由廃業」について明文化し日本の公娼制度を画することとなった。一方芸

※11 川崎勝「栃木県における廃娼運動の形成」（『栃木県史研究』第一三号、栃木県教育委員会、一九七七年）七〇頁。
※12 『下野新聞』明治三三年九月十五日。
※13 『栃木県議会史』（第二巻）栃木県議会、一九八五年、八三一頁。
※14 『下野新聞』明治三三年三月三十一日。
※15 加藤前掲書、四九頁。
※16 『下野新聞』明治四一年一月十六日。
※17 『下野新聞』明治四一年一月十九日。
※18 中川保雄編『古河の花柳界とその界隈資料集』下田出版、二〇一二年、七九頁。

妓に対しては、地域の実情に応じた各府県による取締りが基本とされたが、栃木県では警察による営業許可や営業時間等について定めた「芸妓営業取締規則」（明治三二年三月県令第十七号）が制定された。

4. 花街の発展

◇鹿沼の花柳界

新年の鹿沼町花柳界は旧臘の閑散に引かへ元旦匆々頗る上景気にて昼夜をかけて同町料理店中半楼、大澤楼、若松楼、梅月楼等に於て開会せらるる各種団体及び各種営業組合個人新年会やら其他曖昧料理店に於て各粋士連が初発展を極むる所より為めに頗る繁忙を極め三十余名の大小紅裙は毎夜曳張り合ひの姿なるより抱主連は大正の御代は有難しとて莞爾莞爾《にこにこ》し居れり

（『下野新聞』大正三年一月八日）

先述のとおり、「取締規則」等の制定による芸妓と娼妓の法的な分離や遊廓設置による娼妓の空

間的な囲い込みが、芸妓を主体とする花街の活性化に決定的な影響を及ぼした。こうした状況は鹿沼町をはじめ地方都市の花街に共通してみられる傾向であった。

さらにこの間、都市部においては著しい人口増加が見られた。鹿沼町では、商工業の発展に伴い人口は増加の一途を辿り、一九〇〇年には一万四千人を越え、大正十四（一九二五）年には二万四五二人に達した。

栃木県の芸妓数は、県統計書に現れる明治十九（一八八六）年以降年を追うごとに増加したが、特に明治末から大正時代にかけての増加が顕著であり、大正十（一九二一）年には一一九一人を数えた。[※19] 鹿沼町の芸妓数も、明治二五（一八九二）年には大芸妓（一本）十四名・

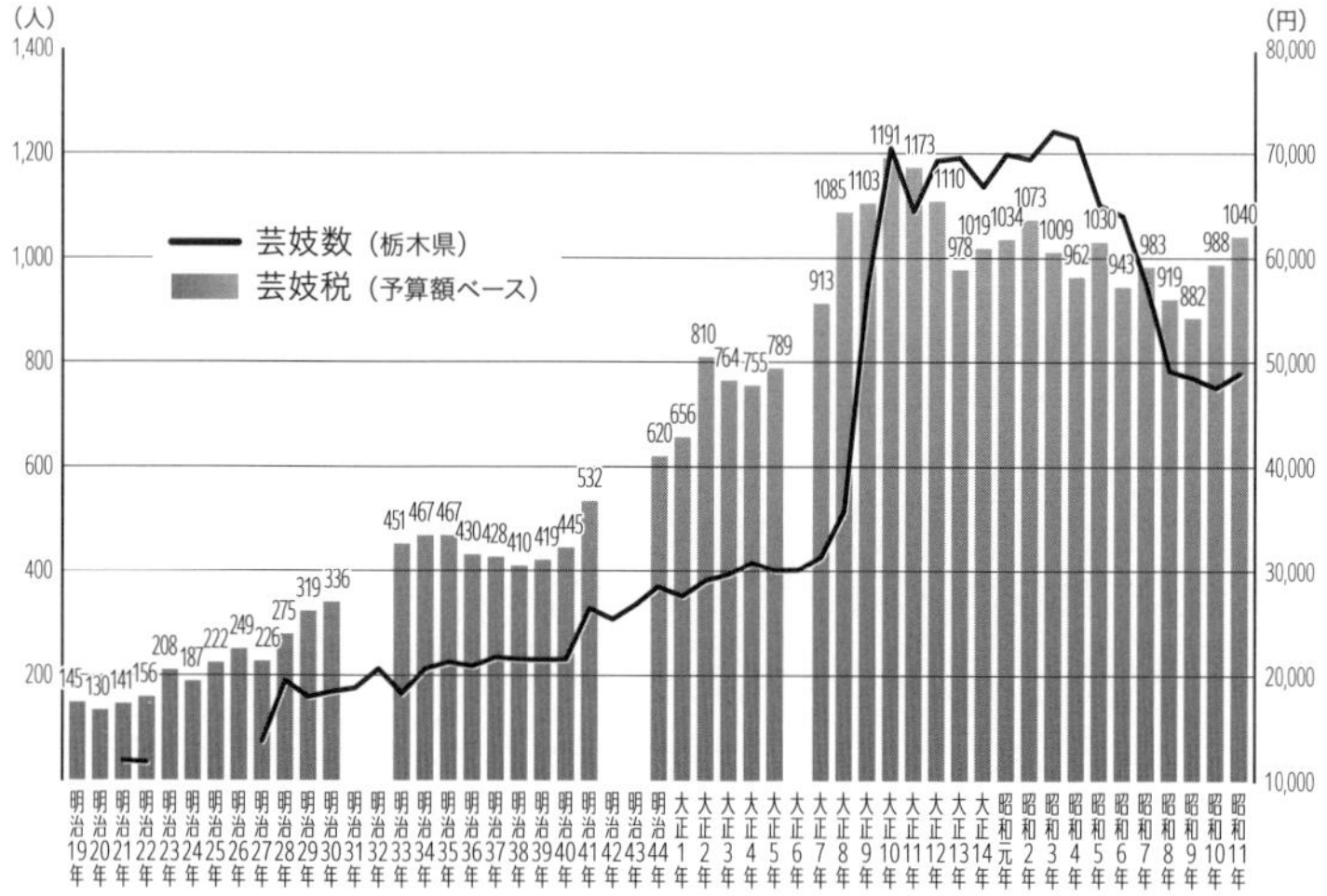

表1　栃木県における芸妓数と芸妓税の推移
（『栃木県統計書』『栃木県警察統計表』『警察統計報告』より作成）

小芸妓（半玉）二名であったのが大正三（一九一四）年には、大芸妓三一名・小芸妓八名と大幅に増加している。[※20] 芸妓屋は町内に十五軒を数えた。[※21][※22]

鹿沼町においては明治三十年代までに近代商工業都市としての体裁が整えられたが、大正期以降、業種・業態の多様化が一層進んだ。一九一四年に勃発した第一次世界大戦下において、国内では造船業や機械工業等の重化学工業が進展したが、鹿沼町でも軍需品としての需要の高まりから製麻工業が急速に伸長した。下野製麻株式会社（下野麻紡織会社）が、日清・日露戦争による軍需拡大を契機として他二社と合併して創立した帝国製麻株式会社の他、日本麻糸株式会社（大正二年）や、日本ロップベルト株式会社（大正六年）といった競争企業が設立され活況を呈した。また鹿沼産木材や建具の需要も高まり、関東大震災後の復興期においてもその価格は高騰した。[※23]

大戦景気は国民総生産の急速な伸長を促し、また製麻工業や木工業等の地場産業に関わる労働者や中小商工業者の増加は、彼らが投じる遊興費の増大に拍車をかけたであろう。花街の繁盛はまた、芸妓が関係する呉服店や小間物屋等、関連業種への支出の増加にもつながり、町内の活性化にも寄与したのではないだろうか。[※24]

鹿沼芸妓たちが、本業である「お座敷」仕事の他、町内の祭りや行事にも積極的に参加するようになるのもこの頃からである。粋な手古舞姿で華を添えた今宮神社例大祭の付け祭り[※25]をはじめ、鹿沼商業銀行の新築落成式※26や、帝国製麻の春季慰安会における手踊りの披露※27など、企業の記念行事にも頻繁に招聘《しょうへい》された。

大正四（一九一五）年十一月に大正天皇の即位を記念する御大典行事が全国各地で行われたが、呼び物の一つとして大衆の関心を集めたのが芸妓行列である。鹿沼町の御大典奉祝においても、花屋台の繰り出しや町民による提灯行列の他、芸妓総出による祝賀踊りが催された※28。

また『下野新聞』の社会面を花柳界のゴシップ記事が賑わし始めるのも明治後半から大正時代にかけてのことである。宇都宮・大田原・佐野、そして鹿沼など県内各地の「艶便（つやだより）」が伝えられた。あえて擬古的に戯作調で書かれたそれらの文章からは、花街を江戸時代からの伝統を継承する世界、すなわち現実社会とは隔絶した「ハレ」の空間として対象化する意識の働きが垣間見られよう。大正七（一九一八）年四月に『下野新聞』紙上に六回にわた

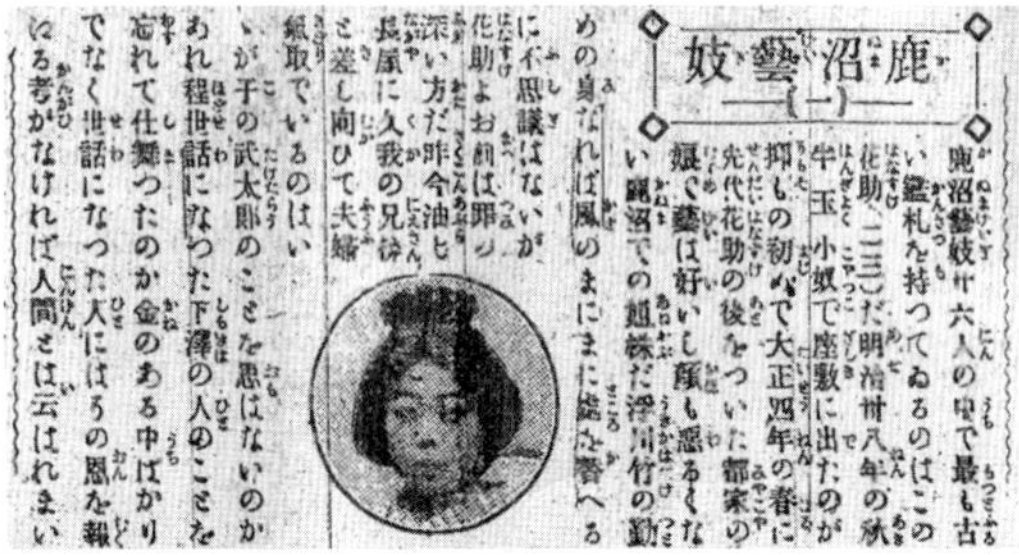
鹿沼藝妓
（一）
鹿沼藝妓廿六人の中で最も古い鑑札を持つてゐるのはこの花助（二三）だ明治卅八年の秋半玉小奴で座敷に出たのが抑もの初〆で大正四年の春に先代花助の後をついた都家の娘で藝は好いし顔も悪るくない鹿沼での姐様だ浮川竹の勤めの身なれば風のまにまに靡き替へるに不思議はないが花助よお前は罪ッ深い方だ昨今油七長屋に久我の兄弟と差し向ひで夫婦氣取でゐるのはいゝが子の武太郎のことを思はないのかあれ程世話になつた下澤の人のことを忘れて仕舞つたのか金のある中ばかりでなく世話になつた人にはその恩を報ゐる考がなければ人間とは云はれまい

図6 「鹿沼芸妓」（『下野新聞』大正7年4月7日）
「鹿沼芸妓」第1回の都家・花助は、この翌年に料理店「みやこ」を開業する敏腕。戦後「みやこ」の跡地に序章で触れたスナック長屋が建つことになる

り掲載された「鹿沼芸妓」と題された記事は、芸妓のプロフィルを紹介する名妓評判記といった内容であった（図6）。これらの記事の多くは紙面の埋草というべき瑣末《さまつ》な内容であったが、花街の繁栄の一端を示すと共に、大衆の興味が奈辺にあったのかを窺《うかが》い知る上では好個の資料といえよう。

※19『栃木県統計書』（大正一〇年　第四編）栃木県、一九二二年、四五頁。
※20『栃木県上都賀郡統計書』（第一回（明治二六年）。
※21『下野新聞』大正三年一月十三日。
※22『下野新聞』大正三年一月八日。
※23前掲『鹿沼市史　通史編近現代』三八五〜三八七頁。
※24地域経済の循環における花街の役割については、瀧本哲哉「戦間期における京都花街の経済史的考察」を参考にした。
※25卯木伸男解説・随想舎編『絵葉書が映す下野の明治・大正・昭和』随想舎、二〇〇九年、二八二頁。
※26『下野新聞』（明治四四年三月二日）の記事に「鹿沼商業銀行の新築落成式は此の五日と定まり前後二日間に渉ってお客さんを招待する事とて其の余興には芸妓の音頭が一番と仲助稲助里子花助万歳千代子米次筆助小奴町子小染竹松徳次等の面々毎日一二時間の稽古だが扨て当日になってからどんなのが出来るやら」とあり、本章扉の写真（絵葉書）と一致する。
※27『下野新聞』大正七年四月二十一日。
※28『下野新聞』大正四年十一月七日。

5.「花街紛擾」の頻発

一九〇二年、東京府下における芸妓屋間の連絡機関として設立された「東京芸妓屋同盟会」が、明治四三（一九一〇）年に「全国芸妓屋同盟会」と改称し全国的な組織に規模を拡大した。逃亡芸妓の情報共有など、府県を跨いだ連絡調整機能の必要性が増していった結果であろう。同盟会で発行された一九一七年版の『全国芸妓屋同盟総員名簿』によれば、一〇七組合のうち栃木県では鹿沼町を含む七市町の芸妓屋組合が加入している。

一方、花街拡大に伴うネガティブな側面も現れ始める。芸妓屋と出張先の料理店や待合との軋轢が深まり、両者間における「紛擾《ふんじょう》」が各地で頻発するようになったのだ。[※29] その多くは、芸妓の招聘料である玉代や祝儀等の料金問題に因を発するものであった。小山町（現・小山市）においては、料理店組合が玉代の値上げを要求し見番と対立した他、[※30] 足利町（現・足利市）においては、料理屋の芸妓に対する不法行為に芸妓屋組合が対抗し箱止め（料理店への出入禁止）を実行し、[※31] さらに真岡町（現・真岡市）においては、祝儀問題が発端となり芸妓見番組合が解散の危機に瀕した。[※32]大正時代以降、栃木県内各市町の花街においても、こうした紛擾が相次いでいた。

鹿沼町においては、大正元（一九一二）年十二月に、芸妓屋組合と料理屋組合間において玉代の値上げを巡る紛擾が発生した。[※33]その顛末を当時の新聞報道から詳しく追ってみたい。

事の発端は、芸妓屋組合が物価高騰を理由に求める玉代や祝儀の値上げを、料理組合側が「時期尚早」として拒否したことにあった。これに対し芸妓屋組合側は見番から三味線一式を引き上げ、芸妓たちに料理店への出入りを禁じた。客の求めに応じて宴席に芸妓を招聘しなくてはならない料理店側はやむを得ず隣市・宇都宮から芸妓を雇い入れる対抗措置を取った。宇都宮芸妓たちは鹿沼警察署で営業鑑札を受けたが、「土地は異なれど同業として土地の芸妓が休業し居るに乗じ旅稼を遣やらかすには営業上頭が立たぬ」と判断し早々に鹿沼から引き上げた。その後も鹿沼芸妓たちは料理店への出仕拒否を継続する中、芸妓たちの当面の生活難に対しては、芸妓屋組合が「組

※29　寺澤優『戦前日本の私娼・性風俗産業と大衆社会』有志舎、二〇二二年、一〇七頁。
※30　『小山市史』（通史編Ⅲ・近現代）小山市、一九八七年、六九三頁。
※31　『下野新聞』大正一三年一月十三日。
※32　『下野新聞』大正七年三月十五日。
※33　『下野新聞』大正元年十二月十一日・十二月十二日・十二月二十五日他。

合費用を以て之れが救済に充つる意気込」を見せた。

その後も、料理屋組合側が新見番を設立し独自に芸妓を雇うと嘯《うそぶ》けば、対する芸妓側は抱えの料理店を開業するなどと息巻き、事態はしばらく膠着《こうちゃく》したが、最終的には花柳界の世話人たる人物が仲裁に入り、大正二（一九一三）年元日より「従来十六銭の芸妓玉を十八銭に値上し内金九銭を芸妓残金九銭の内金六銭は料理屋残金三銭を見番の収入」とすることで決着した。

6. 遊興税問題への対応

全国的に花街が拡大傾向にある中、大正八（一九一九）年五月に、石川県金沢市で初めて「遊興税」が創設された。遊客が料理店や貸座敷において芸娼妓を招聘し飲食・遊興する代金に対し課税するもので、大蔵省主税局勝正憲国税課長は、「贅沢者流などの濫費の一部を徴する金沢市の企てのことはよい事だ」と金沢市を支持したという。その後、遊興税は瞬く間に全国に波及し、一年後には五県三八市で導入されたが[※34]、鹿沼町においても、早い段階で遊興税の導入が検討されている。

◇鹿沼でも遊興税計画

七月中の玉高《ぎょくだか》六千余に上り一ヶ年平均各月の玉高は五千五百円内外と見て差支《さしつかえ》なく今玉一本に付十銭宛《づつ》の遊興税を賦課せんには一ヵ月五百五十円内外一ヶ年六千円内外の収入増加を見ることとなり町費の上に尠《すくな》からざる関係を有することなれば調査の上差支なしとせば予算編成の上町会に提出さるるなるべしと

(『下野新聞』大正八年八月二十九日)

記事にあるとおり、芸娼妓の玉高を元にした具体的な税額試算がなされようだが、このときは町税としての予算化には至らなかった。栃木県において、雑種税として遊興税が導入されるのは、それから三年後の大正十一年度のことであった。大正十(一九二一)年の通常県会において「遊興税に於ては芸娼妓其他を宴席に侍せしめ飲食遊興する者に対して其消費金額一人当り三円以上のものに限って百分の五を賦課せんとするのであります。而して主として各営業者を徴収義務者と致して徴収するという計画」との予算説明があり、遊興税六万五三一〇円(のち修正し十一万七五五八円に増)を含む歳入予算が可決され、併せて翌年四月からの「栃木県遊興税賦課徴収規則」の施行が決定された。※35 遊興税は予算説明のとおり「営業所ノ営業主ハ本税ノ徴収義務者トス」という間接徴税の方法が採られることとなったが、このことが料理店や貸座敷業者の猛烈な反発を招くこととなる。

遊興税施行の開始が迫った大正十一（一九二二）年三月十五日に、栃木県料理営業組合と貸座敷業組合の代表者が連名し、県当局へ遊興税に関する陳情書を提出した。[※36] その内容は、納入義務者（遊客）が代金を未払いであっても徴収義務者（料理店・貸座敷等）が立て替えて納入することを定めた規則に対して、「納税怠慢の責は納税義務者にありて徴収義務者にあらず然るを納税義務者に対しては何等の制裁もなく我々徴収義務者にのみ強制執行処分の苛法を以てせらるるは如何なる理由に因るものなるや」と反発し、徴収義務者となることを拒絶するものだった。『料理新聞』主幹で、全国の花街事情に精通していた三宅孤軒《こけん》は著書『全国料理飲食業同盟会第二十回記念大会史』（全国同盟料理新聞社、大正十一年）で、「大正八年以来、各地で各種各様の（遊興税）反対運動が起りましたが、目下栃木全県下の反対運動のような花々しいものはありませんでした、栃木県同業者は、吾等料理業、待合業、貸座敷業者を、勝手に徴収義務者とするのは不当だ、とあって一切徴収義務を拒否しているのであります、此の結果はどうなりましょうか、大に注意すべきものだと思います」と、この間の状況について伝えている。四月以降も県内各地において遊興税反対の動きが燻っていたが、最終的に県は、各市町の担税力を見込み税額を割り当てる「責任納付制」を採用し、各市町における遊興税の徴収が開始された。
鹿沼町における遊興税の責任納付額は三三一八円とされ、町では県税に付加率を乗じた付加税を導入する方向で検討が進められた。一九二二年三月二十五日の町会で「鹿沼町遊興税付加税賦課徴収規程案」が提出され、同日委員会に付託された。その後、料理業代表三者から猪野春吉町長宛に「鹿沼町料理業組合遊興税付加税納付猶予願」が提出されたことを受け、日光（五十パーセント）今市（六十パーセント）に比較し軽減を要すると判断され、遊興税町付加税率は県本税の三十パーセントに決定した。[※37]
遊興税の徴収開始に伴い栃木県内の各市町では、料理屋組合や見番の多くが同税の課税標準である芸妓の玉代や祝儀の値上げに踏み切っている。これが火種となり料理屋組合と芸妓組合の間で軋轢が再燃した。大正十三（一九二四）年八月、鹿沼町では祝儀の値上げに起因して再び紛擾が発生したが、[※38]

図7　薬王寺（鹿沼市石橋町）
弘長年間（1261〜1264）創建といわれ、真言宗に属した。久能山から日光山への改葬の途中、徳川家康の遺体が仮安置された

本件の落着を契機として同年十一月、料理屋組合と芸妓組合の協同により薬王寺（図7）前に新たな二業見番が設立された。以後、玉代や祝儀の支払いや芸妓の斡旋などを新見番が仲介して両組合が合意の上で執り行われることとなった。なおこの新見番は、芸妓事務所として昭和四十年代まで同地に存続した。

以上のように、遊興税問題は大正期の花街を騒がせた全国的なトピックであり、栃木県における反対運動は特に顕著なものだった。県貸座敷組合においては、遊興税の責任納付が開始された後も県会議員や知事に対し撤廃請願を提出する等、根強い反対運動を続けた。[※39]

栃木県においては、明治十二年度より芸妓各人の稼ぎの多寡に関わらず定額を課す人頭税である「芸妓税」の賦課が開始されている。芸妓税は、県内芸妓数の増加と共に毎年予算額を増大させたが、物価騰貴を反映し編成された大

※34 国税庁ホームページ「遊興飲食税の始まり」を参照した（二〇二四年四月二十四日閲覧）。
※35 『栃木県議会史』（第三巻）栃木県議会、一九八五年、八二七頁。
※36 『下野新聞』大正十一年三月八日。
※37 『鹿沼市史』（資料編　近現代1）鹿沼市、二〇〇〇年、一七六頁。
※38 『下野新聞』大正十三年八月二十九日。
※39 『下野新聞』大正十一年十月一二日。
※40 『栃木県議会史』（第三巻）栃木県議会、一九八七年、五四六頁。

正九年度予算においては、前年比二万三八〇〇円の大幅な増額をみた。[※40] 遊興税の賦課はこうした花街の繁盛ぶりを見込んで開始されたものであったと理解できよう。

明治時代中期以降、鹿沼町は政府の殖産興業策の下、従来の宿場町としての機能を基盤としながら商工業都市として目覚ましい発展を遂げた。人口の拡大や産業の活性化はまた、町中心部における歓楽街としての機能を増幅させた。さらに国内における公娼制度の確立（娼妓取締規則）や、県の方針（遊廓設置規程）によって、貸座敷を市街地周縁に「遊廓」として分離し芸娼妓の混在状態が解消されたことで、大正期以降の花街繁栄への道筋が付けられた。

しかし花街の拡大は、料理店や芸妓組合、見番との間に玉代や祝儀の値上げ等を巡る軋轢を生み、鹿沼町の事例のように、料理店への立ち入り禁止や芸妓の派遣中止などの「紛擾」沙汰となって表出した。芸妓たちが結束し、闘争的な行動によって自己の利益追求が可能となった背景には、芸妓屋の相互組織（芸妓屋組合）の確立に加え、直接・間接的な全国芸妓屋同盟会による援護を与《あずか》ったことが考えられ、芸妓屋組合が地域を越えた組織化を図り相互連携を強化することで、これら紛擾等の諸問題に対処していく動きは、労働運動の高まりや女性解放運動に代表される大正デモクラシーという大きな時代潮流への位置付けも検討され得よう。

さらに芸娼妓の招聘費に課される遊興税の導入が関連業者へのインパクトとして重なった。玉代や祝儀に掛かる遊興税に対して、芸妓たちがどのような思いを抱いていたかうかがい知ることはできない。しかし責任納付額という新たなノルマの発生は、彼女たちに「労働者」としての自覚を少なからず促すものだったのではないだろうか。

以上、明治後半から大正期にかけて花街が大きな変容過程にあったことを跡付けたが、次章においては、芸妓たちの自己改革である「芸妓改良」の諸相を、関東大震災以降に急拡大した新興の享楽産業の動向にも注目しながら追っていきたい。

鹿沼芸妓チームと女給チームの野球試合を報じた記事
（『下野新聞』昭和10年10月31日）

熱球は舞ふ！

艶な容姿をユニホームに包み
鹿沼藝妓對女給軍〝野球戰〟
早慶戰以上に人氣沸騰

…楽を提供…笑させる珍試合が展開するだらうと深い興味が繋がれ全町の人氣を湧つてゐる兩軍のメンバー左の如し（敬稱は略）練習開始を前にした兩軍選手の容姿向つて右藝妓軍、左女給軍）

技倆伯仲

鹿沼町花柳界の近代的なスポーツガールをピックアップして結成された藝妓軍對女給軍の野球試合は秋深み行く鹿沼町中の來月三日同町御殿山公園球場で華々しく決行することになつたので一騎當千の兩軍精鋭は血色艶かに熟したふくよかな肉体を純白のユニホームに包み颯爽たるポーズで去月十七日から千代田町主藤後さんのコーチで同球場で猛練習を續けてゐる

× ×

サアービスなら大工さんの符調で『へのへ』で御座いのスポーツガールも容易にルールが呑込めぬと見へてコーチヤの藤後さんも汗だく〳〵だ……『モット腰をかゞめなきや駄目だよ球が股を潜つて仕舞ふよ』『だつて此の球、感心ヨ（韓信）股を潜るんだもの』……なんて球を捕り損ねて感心してる妓、二壘から三壘へソラリクラリとハイキングするランナー或は父さんノーダンでナアニ等とコーチヤを悩ませて父さん扱ひにするもの流石サアービスガールだけにトテモ朗かな練習風景である

× ×

其れでどちらに勝目がありますかとコーチヤの藤後さんに訊ねたら『先づ技倆は伯仲です』とのことだから三日には多數觀…

…つた

（藝妓軍）
投手 捕手 一 二 三 遊 右 中 左

（女給軍）
投手 捕手 一 二 三 遊 右 中 左

（五男）第一回戰
柳原 九―八 西校
東校 八―七 相生

（全三回戰）
助戸 二二―十六 相生
柳原 二十四―一〇 東校

第二章

芸妓たちの野球チーム

前章において、明治から大正期にかけての鹿沼町における花街の形成過程を追った。遊廓が分離された後、大戦景気や震災復興の特需がもたらした好景気により、鹿沼芸妓たちは繁栄を謳歌したかに見えるが、その陰で私娼行為（密売淫）の横行等による風紀の悪化も問題視され始めていた。さらに、明治後期に東京都内に興ったカフェーが震災復興後に新興の享楽産業として急拡大を遂げ、全国各地の遊廓や花街を脅かし始める。

第一章で触れた遊興税導入をはじめ、風俗産業におけるこうした変化が、芸妓たちに自己変革の契機をもたらすことになる。本章では、鹿沼芸妓による野球チーム結成のエピソードをその変革の一端として位置づけることで、芸妓たちの変革「芸妓改良」の有する地域的な特性についても検討を加えたい。

また、バスや鉄道等の交通機関の発達が下支えとなり昭和初期において全国を旅行ブームが席捲する。昭和九（一九三四）年には国立公園が誕生し国内における観光地開発が進展する中[※1]、各地の花街においては、地域色豊かな「新民謡」の制作が流行する。本章の後半は鹿沼町芸妓置屋組合によって制作された新民謡「鹿沼音頭」「鹿沼小唄」に焦点を当て、当時における地域振興策の一端に触れることとしたい。

1.「芸妓改良」

江戸時代においても、隠売女として遊女や飯盛女以外が行う非公認の性売は厳罰の対象であった。芸娼妓解放令から娼妓取締規則によって確立された公娼制度の主目的は、これら私娼行為（密売淫）の防止にあったといっても過言ではない。[※2] 栃木県では、明治九（一八七六）年二月五日に「売淫罰則」が制定されて以降再三の規則改正によって私娼への罰則が強化されていった。娼妓に対しては、一八七六年十月の県布達「娼妓黴毒検査規則」等によって、定期的な性病検査が義務付けられていたが、鑑札制度によって捕捉され得ない密売淫は性病まん延の温床として危険視された。[※3] そして密売淫取締の対象とされたのは主に、飲食店の酌婦や雇婦、そして芸妓だった。

芸妓は、「旦那持ち」といわれ特定のパトロンを持つ者の他に、枕席を専門とする「不見転《みずてん》」もあったが、性売を行うことは法文上において禁じられていた。しかし明治中期以降、芸妓数の増加や花街の拡大と共に、芸妓は私娼に等しいという認識が広がり、[※4] 芸妓全体における風紀の乱れとして一般化されるに至った。当時の『下野新聞』には、鹿沼町の芸妓が風俗壊乱により警察署に厳重注意されたことが報じられている。

◇取締規則を励行すべし

鹿沼町石橋近辺に散在する芸妓連は表面上芸妓の鑑札を有し居るも実際は茶屋女、酌婦《だるま》、密売淫等の醜行よりも甚だしく風俗を壊乱すること言語道断なるにより鹿沼警察署にては久しくこれを憂ひ居り（…）

（『下野新聞』明治三二年十月三十一日）

その後、警察署は芸妓に対し「毎夜十一時三十分には必ず妓楼料理店等より引払はしめ片時も遅刻せしめざるべしとの事」と達したが、芸妓の妓楼（貸座敷）等への長時間滞在が密売淫を助長する行為として危惧されたのであろう。「芸妓営業取締規則」における営業時間制限は、明らかに芸妓の性売防止を目的とした措置であった。※5

これら芸妓たちによる「風俗壊乱」の現状を重く見た識者の間から、「芸妓改良」の声が上がり始める。日本救世軍の創設者として廃娼運動の先頭に立った山室軍平の『社会廓清論』をはじめ、矢野恒太『芸者論』、正太夫『現代芸妓十講』等においては、芸妓堕落の原因である経済的圧迫等を解消し、本来の職務である歌舞音曲に専心させることによってその地位を向上させ得るといった理想論が展開された。

昭和に入ると、川村徳太郎『新橋の芸妓衆へ』、坂口祐三郎『芸妓読本』、三宅孤軒『芸妓読本』等、当事者である芸妓や芸妓屋に向けた啓発書の出版が相次いだ。これらの書物では、芸妓の本位が舞踊や謡等の芸道にあるとしながらも、時代遅れの「過去の遺物」とならぬよう新しい時代に順応していく重要性が説かれた。

中でも先鋭的だったのは詩人・萩原朔太郎の「新芸妓論」※6であろう。萩原は、芸妓は「現実の最も新しいハイカラ趣味を持たねばならぬ」と断じ、洋装や洋楽器の導入による芸妓のモダン化を提唱した。この「モダン化」の趨勢《すうせい》は、新興の風俗産業であるカフェー人気の拡大による影響も受けていよう。詳しくは後述するが、関東大震災以降、退廃的で享楽的なエロ・グロ文化の隆盛に伴い、カフェーやバー、そしてそこで就労する女給の数が急増し、また売り上げの面でも旧来の花街や遊廓に圧迫を加えていた。

一九二〇年代には、西洋式ダンスを取り入れた「モダン芸者」が出現し、浅草ではお座敷にダンス芸者を派遣する「パンタライ社」※7が開業するなど、「芸妓のモダン化」は具体的な動きとして全国に波及していった。

鹿沼町芸妓屋組合においても、英国式ダンス（実際はフォックストロットやチャールストン等の米国式舞踊）の習得が図られており、昭和六（一九三一）年八月から九月にかけて、半玉を含めた十三名の芸妓らが、英国帰りのダンス講師から猛特訓を受けた[※8]（図8）。これには、昭和恐慌期における花街の不況打開策という一面もあり、芸妓たちは「お座敷でお客の要求があればダンスをお目にかける」と意気込んだが、鹿沼にあっては「一ツダンスをと所望するやうな所謂モダーンな客は薬にしたくも更に御座らぬ」という残念な結末に終わったという[※9]。

図8　鹿沼芸妓がダンス稽古を開始したことを伝える記事
（『下野新聞』昭和6年8月22日）

※1　白幡洋三郎『旅行ノススメ』中公新書、一九九六年、五八頁。
※2　栃木県警察本部『栃木県警史・下』栃木県警察本部、一九七七年、二七〇頁。
※3　藤野豊『性の国家管理』不二出版、二〇〇一年、三四頁。これに対し、廃娼論者は、検梅の不徹底等によって公娼制度こそ性病まん延の源だと主張した。
※4　例えば、平沼淑郎は『社会思想及社会組織の研究』（日新閣、一九一九年）で「芸妓亡国論」を唱え「芸妓は私娼の別名たるに至りぬ」と慨嘆した。
※5　松田有紀子「芸妓という労働の再定位」（『生存学研究センター報告』VOL．一四、立命館大学生存学研究センター）三一四頁。
※6　昭和二年七月『東京二業時報』初出（三宅孤軒『芸妓読本』一九三五年所収）。
※7　小針侑起『遊廓・花柳界・ダンスホール・カフェーの近代史』河出書房新社、二〇二三年、九八頁。
※8　『下野新聞』昭和六年八月二十二日。
※9　『下野新聞』昭和六年九月九日、昭和六年十一月二十五日。

2. カフェーの進出

カフェーの進出に市内の料理店　殊に遊廓が大影響

カフェーの進出は昨今めざましいもので市内には現在六十軒のカフェーがありそこには二百に近いサービス嬢がゆたかな情調を限りない迄に発散する近代的エロ気分に煽られ料理店などは何れも影響を受けているが殊に遊廓の打撃は甚だしい模様で昨年の此の頃は娼妓数百十九人の一ヶ月間の稼高が約三千五百円もあったけれど今年は百三十二人に殖えて居りながらその稼高は二千八百円で七百円ほど減じているなどは不景気に祟られたばかりでなくカフェーの進出が描いた波紋の影響であらう

（『下野新聞』昭和六年八月二十三日）

大正期以降、花街や遊廓の経営に大きな影響を与えたのが、カフェーに代表される新興の風俗産業であったと考えられる。洋風の店内において洋食を提供するカフェーは、明治四四（一九一一）年、東京銀座に開業した「カフェープランタン」が嚆矢とされるが、大正期（第一次世界大戦後）以降、資本主義経済や大衆文化の発展と共に、女給の性的サービスを伴う新たな性風俗産業とし

年	芸妓数（栃木県）	芸妓数（全国）	女給（栃木県）	女給（全国）	娼妓（栃木県）	娼妓（全国）
昭和元年	1,034	79,934	−	−	511	50,800
昭和2年	1,073	80,086	−	−	439	50,056
昭和3年	1,009	80,808	−	−	416	49,058
昭和4年	962	80,717	153	51,559	433	49,477
昭和5年	1,030	80,075	332	66,840	456	52,117
昭和6年	943	77,351	402	77,381	446	52,064
昭和7年	983	74,999	551	89,549	414	51,557
昭和8年	919	74,200	834	99,312	413	49,302
昭和9年	882	72,538	886	107,479	374	45,705
昭和10年	988	74,855	704	109,335	313	45,837
昭和11年	1,040	78,699	725	111,700	292	47,078

表2　昭和初期における栃木県及び国内の芸妓・女給・娼妓数の推移
（『警察統計報告』各年版より作成）

ての色合いを濃くしていった。[※10] 特に大震災後の復興が契機となった地方都市への波及拡大は目覚しく、冒頭に掲げた新聞記事のとおり昭和初年の宇都宮市内においては、カフェー六〇軒・女給二〇〇名を数えた。昭和初年以降、『警察統計報告』や『栃木県統計書』にカフェー・バーの軒数や女給数が現れ始めるが、一九三一年から昭和十一（一九三六）年にかけて県内の娼妓数が四四六から二九二人に減少したのに対し女給数は四〇二人から七二五人に増加している。[※11]

カフェー遊びは、新奇かつ簡易な遊興として学生や賃労働者に歓迎され、従来の遊廓や花街に大きな打撃を与えるものだった。カフェーの女給は、「籠の鳥」と呼ばれた娼妓のような身体的拘束もなく、また芸妓のような長期間に及ぶ技芸習得（仕込み）

もないため、比較的自由な雇用形態にあり、また客からのチップにより、簡易に収入を得られるため就職希望者も多かった。こうした就業上の簡便性が、昭和初年において女給が急増した要因の一つとなった。鹿沼町においても「最近は工場関係が活気付いているのとカフェーの全盛期にあるため比較的収入の多い女工やウェートレス希望者が増加しているが芸妓は年期制度で日銭が見られぬと云ふ点で希望者は先づ皆無」[※12]という状況が見られた。

しかし女給の就業理由としては、芸妓や娼妓と同様に「家計補助のため」といった経済的理由によるものが多く[※13]、カフェー乱立による店舗間の競争激化が性的サービスの過剰に拍車をかけたことによって、こうした女性就業者が性売行為に及ぶ危険性を高めた。昭和三（一九二八）年三月、足利警察署が女給に対する検梅の必要性について県に意見を申し述べたところ、県からは従来の酌婦取締規則を準用して対応するようにとの回答を得た[※14]。女給に対しては取締方針が確立していなかったが、「今日女給が花柳病の仲介をする事は一般が認めている通り保健上放棄して置く性質のものではない」と早くから危惧されていたことが分かる。内務省警保局においては、保安課長会議や実態調査の実施により、カフェー・バーに対する統一的な取締規則の制定が模索された[※15]。栃木県においても、「最近宇都宮市内に族生するカフェーの数は月々数軒をかぞえる程の勢ひであるがその為に各カフェーの間には猛烈な競争が行はれる結果客に対する女給のサービスも往々程

度以上のもの」[※16]という状況に対し、保安課が取締規則の制定に乗り出すことになった。[※17]

　この間、鹿沼町においてもカフェーの開店が相次ぎ、昭和十年頃にはその数十五軒に達している。[※18]文化橋町や鳥居跡町等、五軒町遊廓や花街を囲繞《いじょう》するように立地するカフェーは、旧来の風俗産業の事業者にとって脅威と映ったのではないだろうか。しかし、乱立による弊害も目立ち始める。大工の男が町内のカフェーで乱暴を働き店主に重症を負わせる事件[※19]や、不良少年が窃取した金銭により町内カフェーで遊興を繰り返す等[※20]、警察沙汰が頻発する。こうした事態を受け、取締り側だけではなく経営者側からもカフェーの健全化が叫ばれるようになる。

　そうした試みの一つが、カフェーの悪弊を一掃し明朗化を図るため、鹿沼町支那西洋料理組合によって設置された「女給学校」であった。[※21]女給学校では、町内カフェーの女性従業者に対して、東京から「一流のサービスガール」を招聘した接客作法の講義の他、活花や編物、裁縫等、作法全般にわたる授業が行われた（図9）。開校当

図9　鹿沼カフェー女給学校の開校式の様子
（『下野新聞』昭和10年10月17日）

初は出席率の低調が危ぶまれたが「これ迄全く朝寝坊だった女給さん達は一ヶ月四日間の登校日を楽んで早起すると云ふ有様」[※22]で、栃木県内初となった女給学校の試みは上々の結果に終わったという。

※10 藤目ゆき『性の歴史学』不二出版、一九九八年、二八五頁。
※11『栃木県統計書』（第四編　警察・衛生、昭和六年〜一一年）。
※12『下野新聞』昭和七年十一月二十二日。
※13 草間八十雄『女給と売笑婦』汎人社、一九三〇年、六四頁。
※14『下野新聞』昭和三年三月二十七日。
※15 寺澤優『戦前日本の私娼・性風俗産業と大衆社会』有志舎、二〇二二年、二一七頁。
※16『下野新聞』昭和八年七月十一日。
※17『読売新聞栃木版』昭和八年六月二十九日。
※18『鹿沼来たなら』昭和十二年六月。
※19『下野新聞』昭和十年九月十日。
※20『下野新聞』昭和十年九月十日。
※21『下野新聞』昭和十年十月十七日。
※22『下野新聞』昭和十一年一月二十三日。

3．芸妓たちの野球チーム

(1) 鹿沼町における野球流行

鹿沼町においては、明治三七（一九〇四）年に猪野春吉《いのはるきち》が町長に就任し、行政事務の増大や町税未納、塵芥処理など、人口増加や都市化に伴う様々な問題に対処していくこととなった。道路の新設や改修の他、隔離病舎や町役場の新築、鹿沼町立実科高等女学校の新設などハード面の整備が積極的に推進され、大正七（一九一八）年には、鹿沼城本丸跡一帯に御殿山《ごてんやま》公園が整備された[※23]（図10）。竣工間もない同公園運動場において、茶目《ちゃめ》倶楽部と鹿沼倶楽部の野球試合が初めて催され、物珍しさから見物人は千数百名に及んだという。[※24]

大正期から昭和初期にかけて、全国中等学校優勝野球大会や全日本都市対抗野球大会など現在まで続く全国規模の野球大会が次々と誕生し、国内を野球ブームが席巻していた。そうした中、御殿山公園の完成を機に鹿沼町における野球文化は本格的に育まれていくこととなる。その礎を築いたのが県下初の実業団野球チームといわれる「茶目倶楽部」であった。[※25]一九一八年に誕生し

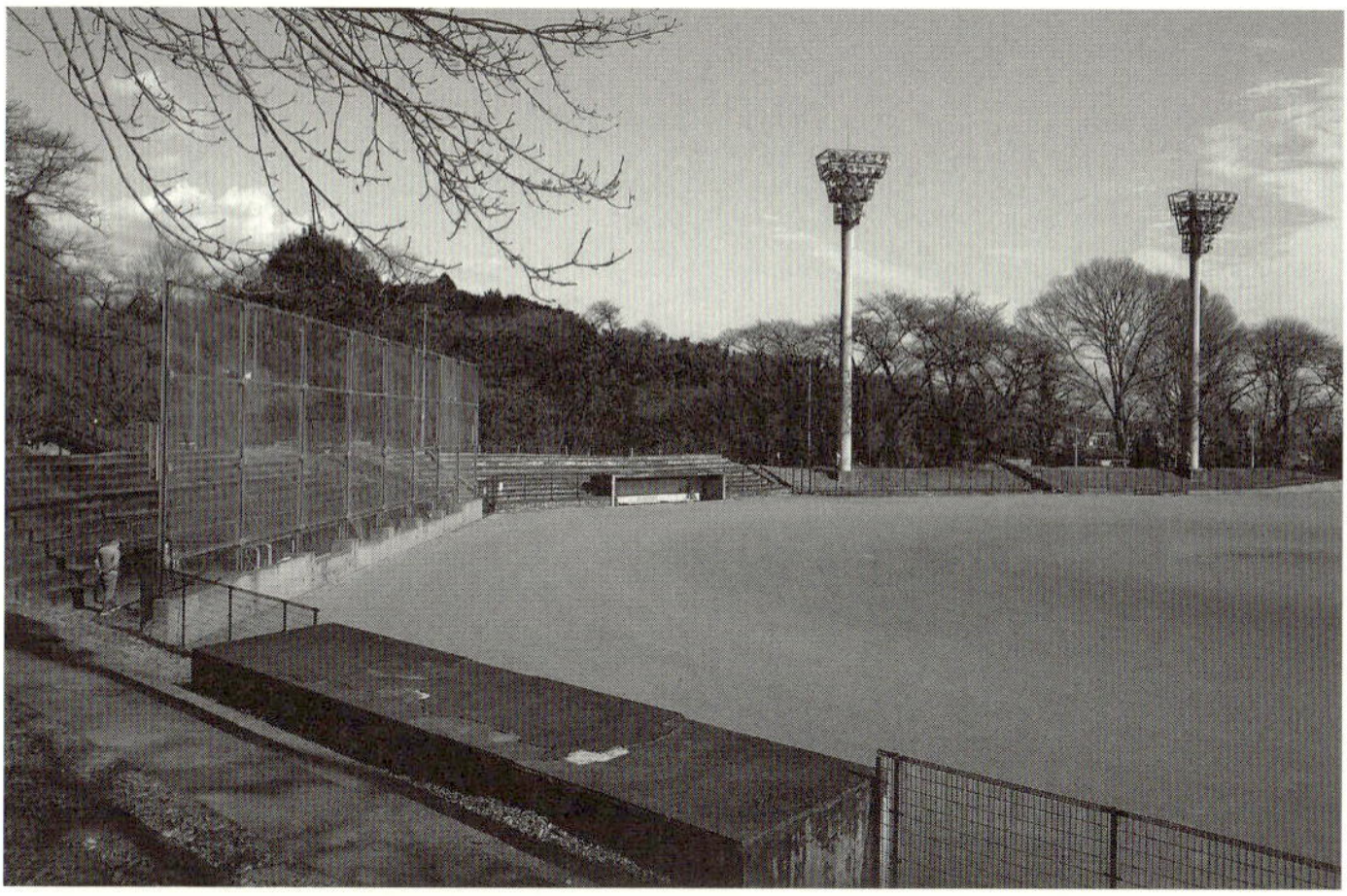

図10　現在の御殿山公園野球場（鹿沼市今宮町）
春には桜が咲き誇り市民の憩いの場となっている。新垣結衣主演の映画『フレフレ少女』（2008年）のロケ地としても使われた

た同チームのメンバーは、「酒屋の旦那、旅館の主人、歯医師写真師と云ふ一家を経営して行かねばならぬ人々」[※26]で構成され、県立宇都宮中学（現・県立宇都宮高校）で投手を務めた橋田長一郎（旅館業。県会議員）をはじめ、藤田藤吉《とうきち》（酒造業。後町長）、中野正一郎（旅館業）等、「旦那衆」と呼ばれる町の旧中間層が名を連ねていた（図11）。彼らは鹿沼町における文化活動の中心的な存在であり、また花街の上客でもあった。同年六月九日に御殿山公園で行われた茶目倶楽部と県立宇都宮中学との試合に集まった数百人に及ぶ観客の中には芸妓の姿もあったという。[※27]

その後、昭和初年にかけて、硬軟十以上のチームが覇を競い合い「鹿沼の野球熱」[※28]と評

図 11　鹿沼青年会野球部
茶目倶楽部の後身で「県下野球界の花形」（『下野新聞』大正 8 年 6 月 13 日）と謳われた。中列の着物の男性は町長も務めた藤田藤吉。ユニフォームには縦書きで「KANUMA」とある

されるほどの盛り上がりをみせた。中でも帝国製麻や東洋麻工業（日本ロップベルト改称）、茶目倶楽部と同じく旦那衆層をメンバーとする「若人クラブ」が強豪と謳《うた》われた。

※23『鹿沼市史』（資料編近現代1別冊　鹿沼町歳入歳出決算書）鹿沼市、二〇〇〇年、九一頁。
※24『下野新聞』大正七年六月四日。
※25『郷土の人々　鹿沼・日光・今市の巻』下野新聞社、一九七二年、五八頁。
※26『下野新聞』大正八年六月十三日。
※27『下野新聞』大正七年六月十一日。
※28『下野新聞』昭和五年七月三十一日。

（2）芸妓たちが野球チームを結成

鹿沼の芸者連　キャット倶楽部を組織し野球猛練習

三味線ガールも左褄《つま》を取って酒間の斡旋だけでは到底お客に満足を與《あた》へることは出来ぬと云ふので鹿沼町の二業見番では三十余名の芸妓中からスポーツ型の三味線ガールをピックアップして野球チームを結成『キャット倶楽部』と命名し千代田軒の藤後君と瓢家の一郎さんのコーチで目下春の陽光を浴びながら薬王寺境内広場で駄目よアナタモーションが過ぎて？と猛練習であるから近く愈《いよいよ》スポーツ式の明朗な気分で大いにサービスすることにならうと期待されているメンバー左の如し

Ｐ一二三　Ｃ瓢たん　１Ｂ久栄　２Ｂ弘子　３Ｂ〆丸　ＳＳ千代丸　ＬＴひな子　ＣＴ久丸　ＲＴ富千代

（『下野新聞』昭和十年四月二十八日）

一九三一年五月から翌年五月まで鹿沼町長を務めた藤田藤吉は、同町で酒造業を営んだ旦那衆層の出身であり、[※29]また茶目倶楽部に所属する野球人でもあった。その藤田が肝煎となって、昭和十年（一九三五）四月頃に結成されたのが、鹿沼町の芸妓たちによる野球チーム「キャット倶楽部」である[※30]（図12）。

先述した「芸妓改良」の論調の高まりや、カフェー等新興の風俗産業が急成長を遂げる中「酒間の斡旋だけでは到底お客に満足を與へることは出来ぬ」という危機意識が芸妓たちの間に醸成され、挽回のために講じた一策が野球チームの結成という新機軸であったと考えられよう。

図12　キャット倶楽部（『下野新聞』昭和10年4月28日）
ユニフォームには「HAKUROKU（白鹿）」と読める。「キャット倶楽部」は、報道側が付けた別称の可能性がある。戦後に再結成された際のチーム名は「紅鹿（くろく）」である

また県会議員や鹿沼市助役を務めた福富金蔵が晩年、芸妓や女給のチームと「ユニホームを貸借しては、男性対女性の試合をやった」と回想している[※31]ように、備品の調達やルールの習得に始まり、芸妓たちの野球チーム結成には、客層である旦那衆や町役場の吏員らのバックアップがあったことは容易に想像できる。彼らこそは鹿沼の野球文化の中心を担う面々であった。

お座敷や稽古の合間を縫って、薬王寺境内や御殿山公園で猛練習を重ねた芸妓たちに晴れ舞台が訪れる。「栃木県健康週間」中のイベントとして開催が決定したカフェーの女給チーム「ジャズ倶楽部」との一戦である。十一月一日から七日にかけて実施された「第六回栃木県健康週間」では、衛生思想普及を目的とした様々なイベントが各市町において開催されたが、鹿沼町役場の主催による野球大会もその一環として行われたものだった。芸妓対女給の野球試合は、「先づ何んと云っても同週間中の呼物は同町の猛者芸妓で組織されたキャット倶楽部対女給軍の野球試合で早くも贔屓筋では応援隊を結成する等人気を煽っている」[※32]と前評判も上々であり期待が高まった。試合当日には、早朝より花火が打ち上げられ「攻防珍試合は無慮四千を算える観衆をして爆笑と哄笑の渦に叩き込み笑ひの国を現出した」[※33]という盛況をみせた。『下野新聞』は「戦況は技倆泊中一進一退の接戦を続けたが遂に戦運に恵まれた芸妓軍勇躍して十二対三で優勝し御手のものの三味太鼓で凱歌を挙げた」とキャット倶楽部の大勝利を伝えた。[※34]

※29『野州名鑑』下野新聞株式会社、一九三一年、七六〇頁。
※30『鹿沼の野球』鹿沼市野球連盟、一九九八年、一〇三頁。
※31 前掲『鹿沼の野球』一〇三頁。
※32『下野新聞』昭和十年十月十七日。
※33『下野新聞』昭和十年十一月四日。
※34『下野新聞』昭和十年十一月四日。

4.「鹿沼音頭」と「鹿沼小唄」

冒頭で触れたように、大正末期から昭和初期にかけて旅行ブームが全国を席巻した。その背景には交通機関の著しい発達があり、栃木県内においても日光線開通以来、鉄軌道の路線が多く計画された。昭和四（一九二九）年に東武日光線（杉戸〜日光間）が開通し、鹿沼町域においては新鹿沼他四駅が開設された。

日光線の全線開通によって、日光や鬼怒川温泉等の観光資源の開発が推進された他、東武鉄道株式会社・初代根津嘉一郎《かいちろう》社長提案の「東武鉄道沿線産業振興会」によって沿線の産業振興も促進された。[※35]この間鬼怒川温泉においては、東武鉄道資本による観光地化が目覚ましく、鄙《ひな》びた温泉地からバーやカフェー等が乱立する歓楽街への変容が進んだ。[※36]

このように昭和恐慌下において、地方が観光産業や地域振興に活路を求めた結果、旅客の獲得が当地の花街にとっても重要命題となっていく。それは各地の芸妓組合が「新民謡」の重要な担い手となったことにも端的に現れていよう。当時、民謡調の曲に土地の風物を折り込んだ歌詞を載

鹿沼小唄

(1) 鹿沼来たならヨー　ホホホイ
日帰りやおよし
帰ろ帰ろとて　帰しやせぬ
ネエ　あきらめなさいと
恋の夜ざくら　袖を引く

(2) 唄の石橋町ヨー　ホホホイ
舞妓のゆきき
襟の白さに誘はれて
ネエ　ほんとにそうかと
思ひ古賀志山の　お月さま

(3) あれは時鐘ヨー　ホホホイ
今宮さまが
撞けば別れの　朝が来る
ネエ　忘れちゃ駄目よと
逢ふた皐月に　鹿沼土

(4) 花の情にヨー　ホホホイ
しみじみ濡れて
戻る黒川　府中橋
ネエ　いつまたくるのと
後を追ふよに　呼ぶつばめ

図13　江崎小秋
（写真は『江崎小秋歌謡選集』（仏教年鑑社、1936年）より転載）
明治35年（1902）、岐阜県に出生。大正12年（1923）に『仏教童話と童謡』を創刊し「仏教童謡」を提唱した。昭和20年没

せた新民謡が旅客誘致の宣伝手段とされることが多かった。

昭和十二（一九三七）年五月、鹿沼町芸妓置屋組合では、兼ねてから制作を依頼していた「鹿沼小唄」と「鹿沼音頭」を完成させた。両曲は共に作詞は江崎小秋《しょうしゅう》、作曲は山崎裕康、振付は竹島肇による。

ちなみに作詞者である江崎小秋は、昭和二（一九二七）年に「日本仏教童謡協会」を発足し、仏教童謡の第一人者としてその普及に努めた人物である（図13）。仏教童謡の伝道者たる江崎が、艶やかな小唄の作詞を請け負うとは些か奇異な感じもするが、あるいは花街

に近接する薬王寺の仲介があったのだろうか。江崎はその後、「決戦盆踊り」等の戦意高揚歌も手掛けたが東京大空襲に被災し焼死したといわれる。[※37]

さて、「昭和五、六年ごろから十二、三年にかけては県内各地で盛んに「音頭」や「小唄」ができた時代」[※38]であり、鹿沼町の場合もそうした全国的な新民謡の流行に乗じたものであった（表3）。

そもそも民謡とは、古来、民衆の間で自然発生し伝承されてきた労働歌や子守唄などの歌謡のことであり、[※39]明治中期以降、文学者を中心としたインテリゲンチャ層に「発見」され、収集・保存活動が進められていった。明治維新以降、天

曲　名	作　詩	作　曲	制作年
那須音頭	大谷五花村	佐々木俊一	昭和10年頃
大田原小唄	星野尚夫	松平信博	昭和13年頃
佐久山小唄	森大暁	三木鶏郎	昭和20年代
水の黒羽	五来欣造	大村能章	昭和11年
西那須野小唄	中島欣三郎	–	昭和10年頃
氏家小唄	泉漾太郎	平岡均之	昭和6年
塩原小唄	泉漾太郎	藤井清水	大正15年
鬼怒川小唄	藤田健次	小松平五郎	昭和6,7年
鬼怒川節	田村西男	杵屋六松次	昭和6,7年頃
鬼怒川音頭	野口柾夫	杉山長谷夫	昭和10年頃
川治小唄	–	–	昭和10年頃
烏山小唄	佐藤干城	平岡均之	昭和4年頃
宮小唄	巖谷小波	町田嘉章	昭和7,8年頃
佐野小唄	永井白眉	中山晋平	昭和6年
足利小唄	永井白眉	中山晋平	昭和4年
足利音頭	長田幹彦	中山晋平	昭和6年
日光小唄	西條八十	中山晋平	昭和6年頃

表3　栃木県の新民謡（『下野の唄』、星野理一郎『日光史』（昭和12年）より作成）

皇を中心とする中央集権的な国家体制の確立に急いだ反動の一面が、ドイツ文学から受容した概念「郷土芸術」（Heimatkunst）への傾倒となって現れ、前田林外編『日本民謡全集』（一九〇七年）の刊行等、「民謡」への関心が高まる契機ともなった。明治四三（一九一〇）年に設立された日本蓄音器商会（現・日本コロムビア）により次々と民謡がレコード化されたことや、東京における地方民謡の上演、さらに大正十三（一九二四）年に開始されたラジオ放送の普及が一般大衆への民謡受容の拡大を決定的なものとした。なお宇都宮市では、同年二月二十日にラジオの試験放送がなされた。

※35 前掲『鹿沼市史』（通史編近現代）三九五頁。
※36 『藤原町史』藤原町、一九八三年、七二五頁。
※37 「昭和戦前期の仏教洋楽に関する一考察（Ⅱ）日本佛教童謡教会と江崎小秋の活動を中心に」（静岡産業大学論集『環境と経営』二〇〇二年）一三頁〜三一頁。
※38 『しもつけの唄』下野新聞社、一九八〇年、二一六頁。
※39 町田嘉章・浅野健二編『日本民謡集』岩波文庫、一九六〇年。その他、民謡及び新民謡の成立や普及過程については、筒井清忠「第一二講　新民謡運動―ローカリズムの再生」『大正史講義』（ちくま新書、二〇二一年）、小島美子「新民謡運動と野口雨情」『定本　野口雨情・第五巻』（未来社、一九八六年）を参照した。

そして大正後期以降、民謡詩人の野口雨情や彼に同調した作曲家の中山晋平らが中心となって興ったのが、各地における民謡の発掘や保存活動の成果を民謡的歌曲の創作に昇華させた「新民謡運動」である。レコードやラジオ放送などのメディア産業が急速な進展を遂げる過程で、商品価値を見出された新民謡は、大正後期から昭和初期にかけての観光ブームの最中、地域振興の一手段として大量に生み出されていくこととなった。また、昭和八（一九三三）年七月にレコード発売された「東京音頭」の大ヒットを機に、昭和十年頃にかけて「〇〇音頭」といった所謂「音頭もの」と呼ばれる曲が多数作り出された。

先述のとおり「鹿沼小唄」と「鹿沼音頭」の完成は一九三七年のことであり、初期の理想主義的な新民謡運動が低迷し、創作民謡自体がレコード歌謡やラジオ等のメディア産業に吸収されていった時期に当たっている。さらにビクターやコロムビア等のレコード会社が凌ぎを削った音頭ブームも鎮静に向かっていた。

両曲を完成させた鹿沼町芸妓置屋組合では、作者の江崎小秋等を迎えてのあげ浚《さら》い（図14）や演芸場・鹿沼座での完成披露会を行った後、一九三七年六月十六日、宇都宮市の演芸場・宮枡座からラジオ番組「栃木の夕《ゆうべ》」（東京放送局）の出演に臨むこととなった。番組は、松村光磨《みつまろ》県知事の挨拶に続き県内各地の郷土色豊かな演芸を実演する内容であり、各市町の花柳界から参集された

図14　「鹿沼小唄」のあげ浚いの様子
昭和12年5月に大澤楼において「鹿沼小唄」と「鹿沼音頭」のあげ浚いが行われた。一番手前の立ち姿がひょうたん

芸妓たちによって「鹿沼音頭」の他、「小山音頭」・「栃木躍進音頭」・「宮音頭」・「水の黒羽」等の創作民謡が全国に向けて放送された。

　同年七月には、盧溝橋事件に端を発する日中戦争が勃発する。以降国内は本格的な戦時体制に突入し、芸妓たちにとっても苦難の時代が訪れる。ラジオ放送を通じた新民謡のお披露目こそが、鹿沼町芸妓にとって戦前最後の華だったのかもしれない。

最後に、旅行ブームの最中、一九三七年に制作された小冊子『鹿沼来たなら』を紹介して本章を締め括ろう。

旅行が大衆化した昭和初期、観光地では遊覧客に供するため、名所旧跡や物産を紹介するパンフレットや民謡を収める冊子類が多く発行された。鹿沼町においても、名望家・石塚一郎が中心となり『鹿沼来たなら』が制作されている（図15）。表紙には、先に掲げたあげ浚いの写真をモデルとしたと思しき二名の鹿沼芸妓とサツキが配されている。掌中に収まる程の冊子には、町内の名所旧跡や物産品の他、「鹿沼小唄」「鹿沼音頭」の歌詞や、芸妓屋、カフェー等の一覧が掲載され、花柳界の案内も兼ね備えた体裁となっている。当時の観光地遊覧が物見遊山と芸者遊びの組み合わせを基本としていたことを示唆していよう。遊覧客たちは、この小冊子を片手にお座敷遊びに興じ、芸妓らの唄い踊る「音頭」や「小唄」に旅情を深めたのだろうか。洋式ダンスの導入に始まり、野球チームの結成、新民謡の制作等、大正期の繁栄を取り戻すべく積み重ねられた鹿沼芸妓たちの試みは、この小冊子に一つの結実を見るのかもしれない。こうした「芸妓改良」は県内各地の花柳界で見られた動きであったことは言うまでもない。

鹿沼町においては芸妓たちが「芸妓改良」を進める一方で、カフェーの女給たちも「女給学校」を設立し接客マナーの向上や精神修養に努めた。芸妓と女給いずれの動向も、従業女性の増加に伴う風紀の乱れへの対応という点において共通しており、両者が自己改革に努める過程において、新・旧の風俗産業の相克を象徴するようなイベントとして「キャット倶楽部」対「ジャズ倶楽部」の野球試合が行われたことも大変興味深い。

残された少ない資料からは断言し得ないが、新興のカフェーが旧来の花街を圧迫したという単純な図式は、鹿沼のような中小地方都市においては必ずしも当て嵌《はま》らないのではないだろうか。

図15 『鹿沼来たなら』
鹿沼町内の名所の他、箒や麻製品などの物産を紹介。その他旅館・料理店などを掲載し観光の便宜が図られている

第三章 戦時下における芸妓たち

大陸へ赴く鹿沼芸妓慰問団の壮行会
(昭和 17 年 10 月)

昭和六（一九三一）年九月の柳条湖事件を発端とする満洲事変、次いで昭和十二（一九三七）年七月から始まった日中戦争、さらに昭和十六（一九四一）年十二月にアメリカと開戦して以降のアジア・太平洋戦争が日本のポツダム宣言受諾によって終結するまでの十五年戦争下において、国民はさまざまな形で戦争に巻き込まれていった。多くの成年男性が召集され戦場に送り出され、また不足する労働力を補うために女性や学生、子どもたちまでが動員された。

総力戦体制の下、あらゆる「人的資源及物的資源」が戦争目的完遂のために統制運用される中、芸妓をはじめとした風俗産業従事者もその例外ではなく戦時協力に狩り立てられていった。戦争が長期化し戦局が深刻化する中において、国策への服従を余儀なくされながらも、強《したた》かに生き抜いた彼らの姿に迫ってみたい。

1. 総力戦下の花街

満洲事変においては、国内で広く慰問金や慰問袋の醵出《きょしゅつ》が行われた。※1 在郷軍人会による国防思想の普及や新聞・ラジオ等のメディアによる満蒙情報の報道によって、戦争支持の世論が形成される中、『下野新聞』では「愛国心の発露」という欄を設け連日、鹿沼町や周辺村における慰問活動が紹介された。[※2] 慰問金や慰問品の醸出は、町消防組や学校から帝国製麻の女工まで広く行われたが、鹿沼町芸妓二二名並びに芸妓置屋組合においても、慰問金五十円の送付を町役場に依頼している。[※3]

このように、満洲事変から国際連盟脱退、満洲国建国に至る戦争の第一段階[※4]にあっては、非戦闘員による戦争への支援協力は、銃後において自分たちの社会経済活動を保持した上で行われる献金や慰問品の醸出に留まっていた。また、それらの慰問品の中には芸妓の水着姿の写真のような品が含まれていた事実[※5]からも、内地における緊迫度はさほど高まっていないことが窺えるだろう。

しかし一九三七年七月、盧溝橋事件に端を発して日中戦争が勃発し、本格的な戦時体制に突入して以降、国内の様相は大きな変化を遂げていく。同年八月、第一次近衛内閣により「挙国一致」「尽忠報国」「堅忍持久」を綱領に掲げる「国民精神総動員実施要綱」が閣議決定され、国民精神総動員運動が開始された。これにより国民全体の思想面における戦争協力体制の構築がなされていった。さらに昭和十三(一九三八)年四月に、戦争遂行のためあらゆる人的・物的資源の統制運用を可能とする国家総動員法が施行され、国内は総力戦の色合いをいっそう濃くしていく。

同年七月に、風紀に関する取締要綱が警視庁保安部より管下各署に発令され、[※6] 風俗産業の統制が強化されはじめる。栃木県においては、八月から県警保安課によって花柳街及び飲食店の風俗衛生両面にわたる全面的な「刷新」が実施されることとなった。華美なイルミネーションやネオンライトの自発的撤廃や、貸座敷・乙種料理店の新設不許可、甲種料理店・カフェー・バーの設備制限など、「長期戦下の非常なる時局に於て銃後の治安維持の完璧を期」したものだった。※7

昭和十四（一九三九）年三月に政府は、精動（国民精神総動員運動）の一元化を図るため、国民精神総動員委員会を設置し、同年六月に遊興営業の時間短縮、ネオン全廃、中元歳暮の贈答廃止等を盛り込んだ「生活刷新案」が決定された。これより早く、栃木県内のある町の芸妓一同から県警保安課に消費節約を旨とすべき時局下において、中元歳暮の弊風《へいふう》を廃するように求める嘆願書が送られている。※8

陸軍第十四師団（宇都宮）は、一九三七年八月に動員された。日中戦争が長期化するに及び戦死者数も増大し、それらは名誉の戦死と報道された。鹿沼町出身の兵士たちの無言の帰宅が相次ぐ中、鹿沼町芸妓置屋組合においては、日課として墓地清掃を開始している。※9 戦死者の冥福を祈り「英霊」に感謝を捧げる芸妓たちの行為は、町民たちからも好意を以て迎えられたようだ。

このように、芸妓たちも時代の趨勢を感じ取り、総力戦への協力に身を挺していった。それらは非常時において、享楽産業という稼業への負い目から世間一般への体面を繕うという一面もあったであろう。実は、日中戦争の初期段階においては国内における貸座敷遊客数はむしろ増加している。芸妓の数も昭和九（一九三四）年（七万二五三八人）から一九三九年（七万九九〇八人）にかけては増加しており、[※10]金輸出の再禁止後の輸出関連産業や軍需関連産業の好況が花街にも影響を与えたと考えられる。[※11]栃木県においても「県下享楽街の売上高をみるに事変前と比較していづれも二倍乃至三倍に増加している」[※12]ような状況であった。精神総動員運動はそのような悲惨な戦場と好景気に浮かれ騒ぐ国内産業との「落差と矛盾の解消」[※13]を訴える戒めとしての一面もあった。[※14]

※1　江口圭一『十五年戦争小史』ちくま学芸文庫、二〇二〇年、七〇頁。
※2　『鹿沼市史』（通史編　近現代）四七五頁。
※3　『下野新聞』昭和六年十一月二十八日。
※4　江口前掲書、一一頁。
※5　梶りん twitter（二〇二二年一月五日ツイート）
※6　『廓清』（二八［八］）、一九三八年八月。
※7　『下野新聞』昭和十三年七月二十三日。
※8　『下野新聞』昭和十三年七月二十七日。
※9　『下野新聞』昭和一四年八月二十七日。
※10　内務省警保局『警察統計報告』各年版。
※11　鹿沼町においては、満洲事変以降、軍需の増加により製麻工業が伸長した。帝国製麻は、日中戦争勃発後は原材料を輸入の途絶した中国産の苧麻から国内産の亜麻に切替え増産体制の整備を進められた（『鹿沼市史』［通史編　近現代］四九八頁）
※12　吉見義明『買春する帝国』岩波書店、二〇一九年、一四三頁。
※13　『下野新聞』昭和十五年八月二十六日。
※14　藤井忠俊『国防婦人会―日の丸とカッポウ着―』岩波新書、一九八五年、一八四頁。

翌昭和十五（一九四〇）年七月には、「奢侈《しやし》品等製造販売制限規則」が発令された。いわゆる「七・七奢侈禁令」は、日中戦争期に生じた前述のような軍需成金や贅沢の引き締めも意図された。「我国でも紅燈の下に醸し出される銃後の退廃面は眉をひそめさせるものがあり、女給を女工に、建物を労務者集団アパートに転換させるべしとの意見がある位である」と改めて歓楽街に対する厳重取締の必要性が認識された。※15

近衛文麿が声明の中で発表し推進されることとなった「新体制運動」はドイツやイタリアの全体主義を範とし、強力な政治体制の確立を目指すものであった。しかし、大衆レベルにおいては「生活の新体制」や「台所の新体制」等、生活引き締めを促すことばとして広く流行した。奢侈禁令以降の花街に対する取締強化は、この「新体制」の一語の下実施されることとなり、八月に国は、贅沢を抑制し「生活の新体制」を確立するための基準として「国民奢侈生活抑制方策要綱」を各府県に通達した。要綱では、花街に対する取締として「飲酒、享楽的飲食、遊興等を制限すること」、「昼間飲酒を制限すること（飲食営業者は午後五時以後に非ざれば酒類を販売提供するを得ざること）」、「貸座敷及貸座敷類似営業は午後五時開店、午後十二時閉店とすること」等が定められた。

栃木県においても保安課が中心となり、風俗産業全般にわたる取締強化を図るため、酒類の制限強化、料理店への自動車による往来の禁止、学生や未成年者の飲食店への出入禁止など、各種対策の強化が検討された。そして九月一日に本要綱に基づき、風俗営業の取締強化を内容とする県令が発令された。同日、宇都宮署では芸妓組合事務所に芸妓を集め改正規則の趣旨徹底について署長自らが講演を行い、以後芸妓たちは従来の洋髪を廃し高島田や桃割れの日本髪でお座敷に出ることになったという。※16

日中戦争の開戦以降、花街における営業規模の縮小は、基本的には店側の自発的意思に任されていたが、本要綱により遊興の取締が具体的な制限を伴い実施されることとなった。そこには、「国民の自粛生活が絶叫されるその下で紅燈の影にネオンの下に時局を忘れた浮薄な国民」※17がいることに怒り、「奢侈贅沢や不健全なる享楽に耽溺する遊惰の民を撲滅せよ」※18と叫ぶ大衆の声も反映されていただろう。

※15『下野新聞』昭和十五年七月二十九日。
※16『下野新聞』昭和十五年九月二日。
※17『下野新聞』昭和十五年八月十二日。
※18『下野新聞』昭和十五年九月二日。

2．芸妓たちの勤労奉仕

「国民奢侈生活抑制方策要綱」の実施により不可抗力的にもたらされた芸妓やカフェーの女給、従業婦たちの営業時間の短縮は、非常時下において「剰余力をもて余す有様」と捉えられた。[※19]一九三九年七月に発令された「国家徴用令」によって、国家が強制的に人員を徴用することが可能となったが、「国民皆労」の合言葉の下、彼女たちに対しても、昼の空き時間等を利用した「生産方面」への従事すなわち「勤労奉仕」が奨励された。昼間の空き時間を活用した裁縫等の内職や、「三味線持つ繊手に鍬を持ち」[※20]御殿山公園の拡張工事に勤しんだ鹿沼芸妓たちをはじめ、県内各市町で勤労奉仕に励む芸妓や従業婦たちの姿が伝えられている（図16）。

鹿沼の姐さん達は早起き

私達に出来るものならとカンジン縒りの奉仕に……

「昔のやうな朝寝坊は一人もゐませんよ、皆揃つてラジオ体操に出るのよ、こんなに血色がよくなつたり」

……姐さん連の奉仕カンジン撚り

図16　かんじん縒りの内職に励む鹿沼芸妓
（『下野新聞』昭和17年6月27日）

一方、総力戦への突入以降、国内諸企業を軍需中心に再統合する「企業整備」が進められたが、経営者の自主的整備を中心としたため、非協力企業の存在も相まって徹底されない面もあった。しかし、一九四一年十二月八日、日本軍の真珠湾及び英領マレー半島への奇襲攻撃に端を発するアジア太平洋戦争が勃発するに及び、民需産業の再編、統合、軍需産業への転換を目的として昭和十七（一九四二）年五月、「企業整備令」が公布された。さらに昭和十八（一九四三）年八月には「戦力増強企業整備」が実施されることになり、国内の全生産力が根こそぎ戦争に投入されることになった。

企業整備は、工業や製造業のみでなく風俗産業もその対象とされ、遊廓やカフェー、高級料理店等の休廃止も勧奨された。栃木県においては、産業戦士たちの宿泊施設とするため、高級料理店は元より個人所有の別荘や大邸宅の開放も呼びかけられ、[※21]同年末には、県内享楽産業の転廃業が、目標とする整備率において概ね完了した。県保安課長は、「唯だ廃めたからと言ってぶらぶら遊んで居る様な事ではいかん、中には営業用として配給された物資を自分で飲み食いするために営業して居るものも無いわけではない、さういふものはこの際廃めてもらいたい、やめない場合には断乎として廃業を命ずる方針である」と、闇営業や遊休業者を牽制しながらも「享楽面の企業整備も各地共順調に進んでいることは結構な事だ」「大分かたづいたが本月いっぱいには大体終了するだらう」と、企業整備の徹底に自信をのぞかせた。[22]

鹿沼町の料理店では、若松・梅月・みすじの三店が転業している。[23] 梅月は帝国繊維[24]の社員寮に転換された。また、企業整備の過程において、鹿沼の五軒町遊廓は日本医療団[25]によって接収され、その跡地には軍需工場従業員の療養所「鹿沼奨健寮」が整備された。

企業整備令の公布前後から、芸妓置屋及び紹介業の新規営業の不許可、[26] さらに享楽産業に携る女性を「生産的建設的の職域」に動員することを目的として芸妓・娼妓・酌婦・女給等を一九四二年七月十六日現在の数より増加を認めないとする内務省通牒が各地方へ発出されるなど、[27] 芸妓や従業婦たちの転廃業も奨励されるようになった。『下野新聞』は、ある鹿沼芸妓が工場従業員に転業したことを次のように伝えている（図17）。

三味線捨てゝ工場へ

きんさん

本名斎藤きんさん(二)は昨年十二月八日大詔奉戴日にお座敷生活にさよならして産業戦士に転進、府所鈴木〇〇工場へ入社、上材木町の自宅から毎日モンペ姿で通勤、目下懸命に作業を続けてゐる。斎藤さんは語る

三味線持つた身で工場勤めは実際つらいと感じましたが、一ケ月以上職場で頑張り通しもうすつかり馴れて働く楽しみを持ち与へられた仕事一つ々々に生甲斐を感じたゝ身体のつゞく限り一生懸命やつてゐます、米英撃滅の日まではきつとやり抜く覚悟です

図17　鹿沼芸妓が工場従業員に転業したことを伝える記事（『下野新聞』昭和19年2月3日）

三味線捨てて工場へ

鹿沼町芸妓叶屋方栄太郎、本名斎藤きんさん（一九）は昨年十二月八日大詔奉戴日にお座敷生活にさよならして国策戦士に転進、府所鈴木〇〇工場へ入社、上材木町の自宅から毎日モンペ姿で通勤、目下懸命に作業を続けている。斎藤さんは語る「三味線持った身で工場勤めは実際つらいと感じましたが、一ヶ月以上職場で頑張り通しもうすっかり馴れて働く楽しみを持ち與へられた仕事一つ一つに生甲斐を感じただ身体のつづく限り一生懸命やっています、米英撃滅の日まではきっとやり抜く覚悟です」

（『下野新聞』昭和十九年二月三日）

また、宮崎航空工業鹿沼製作所[※28]では、鹿沼農商学校や鹿沼高等女学校の学徒動員の他、個人営業の商店主・トラック運転手・僧侶等、様々な職種の人たちが動員されたが、ここにも飛行機部品の組立作業に従事する「花柳界の人」の姿があったという。[※29] 戦局の拡大により兵士として多くの男性が動員された結果、生産現場においては慢性的な人員不足に陥っていたが、軍需の増産体制を維持するために銃後にあったあらゆる人たちが労働力として調達される事態に立ち至っていた。一九三九年七月に閣議決定された「労務動員計画」の四次計画（一九四二年）においては、徴用対象として「未婚女性」が追加され、さらに六次計画（昭和十九［一九四四］年）では女性

の比率は四三パーセントにまで増加した。[※30]

アメリカ軍によるマーシャル諸島攻略が開始され「絶対国防圏」が崩壊する戦争の最終局面に突入した一九四四年二月二十五日に、「決戦非常措置要綱」が閣議決定された。これを受けて、「高級享楽停止に関する具体的要綱」が定められ、三月一日から、高級料理店や高級待合、芸妓及び芸妓置屋、カフェー、バーの休業が遂に実施されることとなった。これら休業者には改めて転廃業が勧奨され、料理店等の「飲食店」への転換や、下級待合の「慰安所」としての営業継続が認められ、「慰安婦」に転業する芸妓も現れた。小野沢あかねが「高級享楽の停止の措置とは、享楽の停止ではなく、そ

※19 『下野新聞』昭和十六年九月九日。
※20 『下野新聞』昭和十六年三月二日。
※21 『下野新聞』昭和十八年四月三日。
※22 『下野新聞』昭和十八年十二月九日。
※23 『下野新聞』昭和十八年十二月十二日。
※24 一九四一年に帝国製麻株式会社は、太陽レーヨン株式会社を合併し、帝国繊維株式会社と改称した。さらに一九四二年には大正製麻株式会社、日本麻紡織株式会社、東洋麻工株式会社が合併され製麻工業の統合がなされた。
※25 一九四二年に公布された国民医療法により設立。国民の健康増進のため結核療養や国民医療に必要な施設を設けた。昭和二二（一九四七）年十月解散。
※26 『廓清』（三二［三］）、一九四二年三月。
※27 『廓清』（三三［九］）、一九四三年三月。
※28 宮崎航空工業鹿沼製作所は、アニメーション監督・宮崎駿の父である宮崎勝次が所長を務めた。
※29 『鹿沼市史』（通史編　近現代）五二六頁、五五一頁。
※30 後藤敏夫「戦時下の女性労働の一断面」（『城西大学女子短期大学部紀要』第七［一］号、一九九〇年）五一頁。
※31 小野沢あかね『近代日本社会と公娼制度』吉川弘文館、二〇一〇年、二五二頁。
※32 『下野新聞』昭和二十年四月八日。
※33 『下野新聞』昭和二十年二月二十日。

の簡素化の徹底を目的としていた」[※31]と指摘しているとおりである。

高級享楽停止から一年を経た昭和二十（一九四五）年四月時点において、栃木県内の休業料理店四六〇軒中二一七軒が酒類を供しない飲食店に転換しそれ以外は廃業した。また芸妓置屋は休業一七四軒中一〇〇軒以上が転業、芸妓は休業三六五人中四四人が廃業しその他は軍需工場へ転業した。[※32]もっとも、高級享楽停止措置から一年を経てもなお「俄然馴染客相手の闇営業をつづけ、或は工場の集会所や寮といふ看板だけで一部幹部の宴会場などに悪用されている」[※33]といった非合法的な営業を継続した接客業者もあり、小野沢も指摘するように「高級享楽の停止」は敗戦までに所期の目的を達成することができなかったといえよう。

3．芸妓たちの「婦道実践」

満洲事変時に出征兵士の接待を機に設立された「大阪国防婦人会」が全国組織に拡大し、一九三四年四月に「大日本国防婦人会」（国婦）が設立された。国婦は軍部の指導の下、慰問や送迎をはじめ廃品回収や防空演習への参加等、多岐にわたる銃後活動を展開した。栃木県においても、

一九三八年二月に国防婦人会栃木県本部、四月に上都賀支部が結成されている。[※34]

一九四〇年十月に大政翼賛会が発足し「新体制運動」が本格化する中、婦人団体の統合が急務とされ、一九四二年二月、国防婦人会、愛国婦人会、大日本連合婦人会と統合し、大日本婦人会（日婦）が誕生した。同二月二十五日に大日本婦人会栃木県支部が結成され、四月十一日には鹿沼町支部が結成された。[※35] 閣議決定された婦人団体統合要綱では「日本伝統の婦道を修練し修身、斉家、奉公の実を挙ぐる」とその目的が定められているように、「婦道」こそが彼女たちの援護活動の基礎をなすものとして重要視された。

同じ時期に栃木県保健組合連合会で実施された芸妓や従業婦女性への「婦道教育」は、こうした婦人団体の動向に同調するものであっただろう。一九四二年八月から一九四三年三月までの月二回、鹿沼を含む九カ所の警察署管内保健組合で、華道や書道、国民礼法、裁縫等、「婦道」涵養《かんよう》のための講習が実施された。宇都宮芸妓置屋組合では、五十名の芸妓たちが「第一線の兵隊さんを思へば何で私達は遊んで居られましょ」と柔道着や剣道着の裁縫に汗を流した。[※36]

また、一九四三年一月初旬に栃木県内の各芸妓組合では、「建艦献金活動」を行っている。この活動は軍艦の建造資金を献金するものであり、芸妓たちはお座敷や街頭で寄附金集めを行った。募集金額の最高額は宇都宮の三四二七円九四銭、佐野の二七一一円七十銭が続き、鹿沼町芸妓置屋組合では三六二円三一銭を集め、合計額は一万九千円に達した。[※37]兵器生産等のために行われた「国防献金」は、大阪国防婦人会が結成される端緒ともなった軍事援護活動であった。

さらに、同年十月に行われた栃木県衛生課によって実施された芸妓や娼妓等に対する空襲に備えた応急手当講習[※38]も、「国防上必要な訓練」を事業の一つとした大日本婦人会の動向と軌を一にするものであっただろう。

会員が「制服」として割烹着を纏ったことに象徴されるように、国防婦人会は貧富貴賤の別なく入会できる大衆性を有しており、芸妓やカフェーの女給による職場分会も組織された。[※39]栃木県内においては、これら風俗産業従事者が、国防婦人会やその後身である大日本婦人会に加入していた事実は確認されていないが、「婦道」確立という目的の下、献金活動や応急手当講習等の共通した銃後活動を展開していたことは注目に値する。

※34 『鹿沼市史』（通史編　近現代）五四二頁。
※35 『鹿沼市史』（通史編　近現代）五四三頁。
※36 『下野新聞』昭和十七年七月十六日。
※37 『下野新聞』昭和十八年一月二十七日。
※38 『下野新聞』昭和十八年十月二十一日。
※39 藤井前掲書、五五頁。

4. 芸妓たちの慰問活動

「国民奢侈生活抑制方策要綱」の実施により芸妓たちのお座敷仕事が減ったことで生じた「余力」が、生産方面に振り向けられたことは先述したが、「芸妓は伝統たる『芸』にのみ生きる芸妓になすべく」[※40]とあるように、芸妓たちは本業である歌や踊りなどの芸事によって国家に奉仕することをも求められた。

傷病軍人や戦死者の遺族に対する芸妓たちによる演芸慰問は全国各地で行われた。一九四一年四月、鹿沼町芸妓置屋組合では、「終日ベルトのうなる工場で立働く銃後の産業戦士を慰問しようと大小芸妓五名を一組とする産業戦士慰問隊を結成し来月の興亜奉公日から毎月一回工都鹿沼の各工場へ出張し休憩時間を利用して演芸慰問を奉仕する事」を決定した。[※41]また、町内の演芸場「鹿沼座」において、帝国織維と東京製綱の従業員を招いての激励慰安演芸会が催されている[※42]（図18）。

さらに、アジア太平洋戦争の開戦以降、東京の白山三業組合がボルネオ方面に慰問団を派遣したのをはじめ、芸妓による外地への慰問も積極的に行われた。栃木県では、県芸妓置屋連合会[※43]によっ

図 18　鹿沼芸妓組合による公演
ファシスト・イタリアとナチス・ドイツの万国旗が掲げられているため、戦時下における公演と推測される。場所は演劇場「鹿沼座」。かぶりつきで見るのは子供たちだ

て、大陸への皇軍慰問団の派遣が決定された。

宇都宮市・栃木市・足利市・鹿沼町では派遣する芸妓たちを選出し、一九四二年十月五日に第一班の宇都宮芸妓が北満方面、第二班の足利芸妓が北支方面へ、そして十月十一日に第三班の鹿沼と栃木の混成慰問団は中支方面へ向けて出発した。[※44] 鹿沼町からは、ひょうたん・千代丸・喜太郎の三名、栃木市からも三名の芸妓が参加した。

一行は上海から杭州を経て到着した金華を本拠として、陸軍病院や前線における慰問活動を開始した。前線への慰問は特に危険を伴うもので、機銃掃射を受け

図 19　芸妓たちによる慰問公演の様子
慰問のため野外に急拵えしたバラック会場には、娯楽に飢えた兵士たちがひしめきあった

て芸妓慰問団の全員が命を落とす悲劇も伝えられている。※45

鹿沼芸妓たちは四十回以上にも及ぶ慰問を行った他、地元出身の兵士たちに面会し、彼らの元気な姿を故郷の親族に伝えることを約束して二カ月ぶりに帰途についた。※46 明日をも知れぬ過酷な状況下にある地方出身の兵士たちにとって、こうした郷土からの慰問団の訪れは何より嬉しいものだったであろう。※47

図20　現地における鹿沼・栃木芸妓慰問団
腕章には「栃木県皇軍演芸慰問団」とある。前列右がひょうたん

※40『下野新聞』昭和十五年八月二十六日。
※41『下野新聞』昭和十六年四月十日。
※42『下野新聞』昭和十八年九月九日。
※43 栃木県では、県内の芸妓屋組合の統合を目的として一九四二年七月に県芸妓屋連合会が結成された（『下野新聞』昭和十七年七月五日）。同年二月に、愛国婦人会・国防婦人会・大日本婦人連合会が統合し大日本婦人会が誕生した（栃木県支部は二月二十五日に結成）が、芸妓屋連合会の結成もこうした各種団体の統合の動きと軌を一にするものであった。
※44『下野新聞』昭和十七年十月四日。
※45 松谷富彦・小池淳達 著『蓮池・女人聞き書抄―思い出の花街・吾妻町界隈』吾妻町青蓮会、一九七八年、七三頁。
※46『読売新聞 栃木版』昭和十七年十二月十三日。
※47 近現代日本エンタメ研究会『戦争と芸能』育鵬社、二〇二二年、三二頁。

5．「体位向上」政策と芸妓

日中戦争が深まるに及び、国民を兵士や労働力として有効な資源と捉える「人的資源」という概念が広く浸透していった。一九三八年四月に施行された国家総動員法の第一条においては、国防目的達成のため、物的資源に加え「人的資源」を統制運用していくことが掲げられた。「優良」な人的資源を確保していくため、国民の「体位向上」と「人口増強」という二つの政策課題が浮上し、それらは、徴兵検査における成績の悪化への憂慮に端を発して同年一月に設立された厚生省によって強く推進されることとなった。

全国民は「人的資源」として一定水準の体力を保持することを義務付けられ、体力増強・健康増進を促進する手段として、「体育」が奨励された。※48

栃木県においては、一九三九年五月二日から、体位向上を目的とする「健康週間」が実施され、県内各市町で健康増進に関わる様々な催しが実施された。それらのイベントは、市民ハイキング（足利市）や、ラジオ体操（県庁）、官民合同運動会（矢板町）など、誰もが等しく参加できる内容であり、慰安・厚生を通じ一般国民の体位向上を図るという政策に叶うものでもあった。期間中、鹿沼町においては、芸妓置屋組合と日本料理業組合の合同開催による太平山と大谷方面へのハイキングが実施され、百人を超える芸妓や従業婦が参加した。[※49]

また、昭和三（一九二八）年に開始されたラジオ体操（国民保健体操）が、国民精神総動員運動と結びつき最も普及したのが日中戦争から太平洋戦争にかけての時期であったが、鹿沼町芸妓置屋組合においても、「体位向上」策としてラジオ体操を行うことを決めた。「商売柄兎角朝寝坊だった彼女達も無断欠席は金十銭也の罰金を徴収されるので夜は早く寝て早起し規律も良くなったと云ふ所謂一石二鳥の効果がある」として継続してラジオ体操を実施することになった。[※50]

このようにラジオ体操やハイキングは、誰でも気軽にできる体育活動として広く実践されたが、芸妓たちによるこれら体育活動の実践は、「体位向上」という国策への積極的な協力を惜しまない姿を大衆側にアピールするデモンストレーション的な効果も考慮されたのかもしれない。

※48　鈴木楓太「戦時下の国民生活と体育・スポーツ」（『戦時下の大衆文化　統制・拡張・東アジア』二〇二二年、KADOKAWA）所収、二四五頁。
※49　『下野新聞』昭和十四年五月二日。
※50　『下野新聞』昭和十四年八月二十五日。

6．人口増強策としての性病予防

人的資源確保のため、個人の心身を鍛錬する「体位向上」と併行して、あるいは緊密に連携しながら進められたのが「人口増強」に関わる政策であった。大東亜共栄圏への人口増殖を視野に入れ、一九四一年一月に閣議決定された「人口政策確立要綱」では、将来人口の目標を一億人とし、出生増加及び死亡減少の方策がリスト化された。多子家庭に対する優遇や、早婚・出産の奨励、乳幼児の死亡率改善などに並んで「花柳病の絶滅」が方策として掲げられた。

一九二八年九月に施行された花柳病予防法によって、娼妓以外の芸妓や酌婦等を含めた享楽産業に関わる全ての女性が花柳病（性病）の診療対象とされた。また同時に警察署や保健所によって、花柳病予防のための啓発活動も推進された。鹿沼警察署においても管内の芸妓、娼妓、酌婦、女給等を召集し花柳病予防に関する講話が再三にわたり実施されている。※51 花柳病は満洲事変以来、「花柳界」という閉鎖空間に限定されず国力を蝕む「国民病」であるという認識が広がり、一九三九年六月に施行された改正花柳病予防法によって、「業態者」以外にまで診療対象が拡大された。性病を国民一般の疾患として対策を講じることは、性病の囲い込みを目的とした遊廓制度の意義を無化し、公娼廃止から私娼制度の黙認への移行に拍車をかけるものでもあった。[※52]

また、軍需産業の拡大による工場労働者の増加や、兵役者の急増は、性病感染率の上昇にも影響したとみられる。栃木県衛生課によって実施された従業婦に対する性病検診においては、一九三八年度の感染率が一九三六年度に比して倍増しているという結果が示され「業態者罹患率の激増は実に事変関係に基し一般産業の活況による工場従業者の出入と各種産業の好況の反映に依るものとみとめられる」と分析された。[※53]鹿沼署管内においても、県から衛生技師を招聘し、芸妓を含む「業態者」に対する検診が実施され、感染者に対しては「容赦なく職場から退け処断する方針」が採られた。[※54]

こうして性病への監視が強化される中で成立したのが「人口政策確立要綱」であった。要綱においては先述のとおり「性病の絶滅」が出生増加の方策としてリストアップされており、芸妓や女給、従業婦に対する性病検診の断行も、「人的資源」の確保という国家目的に収斂されていくものであった。さらに性病予防の強化に決定的な影響を与えたのが、一九四一年七月に、「悪質な遺伝性疾患の素質を有する者の増加を防遏及び健全な素質を有する者の増加」等を目的として施行された「国民優生法」であったと考えられる。戦時下における性病に対する厳重な対応には、「性病の撲滅こそは出産力を増加し、民族の質を良くする捷径である」[※55]という、優生学的な思想が濃厚に反映していた。

こうした中、栃木県では一九四一年七月、各市町の保健組合を「県保健組合連合会」に統合し、性病撲滅に邁進することとなり、[※56]アジア太平洋戦争の開戦を経た一九四二年五月には、県衛生課が「性病を予防せよ、性病を必ず治せ、青年は民族のたからである、性病は亡国病である、性病にかかるな、青年諸君よ起て」とのスローガンを発表した。

同じ時期、鹿沼町においては、乳幼児の疾病異常の増加や新生児の死亡数や流産・死産数も高い水準で推移したが、優生学者らが「亡国病」としてあげつらうような性病まん延との因果関係は必ずしも明らかではなく、むしろ戦局の深刻化に伴う、食糧事情の悪化や、医療衛生用品の不足による健康破壊などが背景にあったと考えられる。[※57]「国民優生上の問題となるのは、その子孫に與へる害毒と、人口出産力に及ぼす影響である」[※58]という認識の下推進された性病予防策は、終に人口増強に直結するような効果を上げることはなかっただろう。戦時下における貸座敷や待合、カフェー等の享楽産業が、経済統制による再編を経て「慰安施設」として再整備されていく過程において、芸妓屋や飲食店の従業婦等、接客業に従事する女性が広く性売を行うようになったことが指摘されている。[※59]定期的な診断のみでは、性病を防禦《ぼうぎょ》し得ないような状況が、むしろ生産力増強を目的とする「産業戦士」等の慰安という国策により生み出されたのだ。こうした政策の矛盾からは、戦況が悪化の一途を辿る当時の混乱した状況が窺えよう。

※51 『下野新聞』昭和十三年四月十三日他。
※52 藤野豊『性の国家管理』不二出版、二〇〇一年、一三〇頁。
※53 『下野新聞』昭和十四年三月七日。
※54 『下野新聞』昭和十四年八月十二日。
※55 石田博英・高野善一『結婚新体制』青磁社、一九四二年、二六三頁。
※56 『下野新聞』昭和十六年七月十六日。
※57 『鹿沼市史』（通史編　近現代）五四一頁。
※58 石田・高野前掲書、二六一頁。
※59 小野沢あかね『近代日本社会と公娼制度』吉川弘文館、二〇一〇年、二三七頁～二六〇頁。

日中戦争の勃発後、国内は本格的な戦時体制に移行した。総力戦への意識高揚を図るため国民精神総動員運動が開始され、花街の自粛も要請される。さらに国家総動員法では、人や物は国策遂行のための「資源」とされ国家による統制運用が進められた。

本章では、芸妓たち風俗産業従事者が展開した戦時下における諸活動を、総力戦遂行のための「人的資源」の確保という観点から追いかけた。芸妓たちが取り組んだラジオ体操やハイキング等の体育活動や、検診や講話を中心とする性病予防啓発は、「体位向上」実践の最たる事例であろう。

また奢侈禁令によって営業時間が短縮される中、彼女たちの余剰労力は「勤労奉仕」に差し向けられた。企業整備令の発令以降、風俗産業の転換が進められる中、工場や事業所従業員への転業も奨励された。さらに高級享楽停止措置によって、芸妓営業は完全休止に追い込まれたが、料理店等の高級遊興が停止される一方、「産業戦士」用の慰安施設は認められたため慰安婦へ転業する芸妓もあった。戦争はその最終局面において「芸事」という芸妓の本分さえも奪うものであったが、一方では、産業戦士や戦傷病者への演芸慰問のように職分に応じた銃後活動も求められた。

このように、戦時下を通じた芸妓たちの銃後活動は多様な展開を見せ、その多くは国家によって強制されたものであったが、これらの活動を通じて強化された結束や蓄積された経験が、敗戦直後に襲った食糧難を乗り越え、花街再興を成し遂げる原動力となったことは想像に難くない。

第四章 芸妓たちの民主化

鹿沼芸妓たちの集合写真
（昭和 20 年代）背後は橋田旅館

昭和二十（一九四五）年八月十四日、日本は連合国のポツダム宣言を受諾し、第二次世界大戦が終結した。

本章では、敗戦を迎えた直後の栃木県内の花街の状況を概観する。GHQによる五大改革指令から日本国憲法制定に至る戦後の民主化政策や、その裏側で大きな変容を遂げた買売春政策、そして「飲食営業緊急措置令」等の緊急的な経済政策が複雑に絡み合いながら、花街やそこで営業する芸妓たちにどのような影響を与え変化を促したのか見ていきたい。

1．緊急経済対策下の芸妓

敗戦後「国家総動員法」が廃止され、国策の大義の元遂行されたあらゆる資源の統制が排除されたため、物資価格は高騰し急激なインフレが発生した。さらに悪天候が災いし昭和二十年秋の米の収穫減は前年の七十パーセントと著しく、また供出に対する農家の非協力が明確化し、配給の遅配や欠配が相次ぐ中「一千万人餓死説」も流れ「国民的飢餓道」[※1]というべき重大な食糧問題が現出した。

このような中にも、虚脱状態にある国民に希望を与え国家再建への機運を醸成させるため「娯楽機関を復興せしむるべきとする声が起」った。[※2] 対して政府は同年九月二十日、「戦後再建ニ関スル緊急施策ニ関スル件」を閣議決定し、「待合、料理屋、芸妓置屋、カフェー、バー、飲食店等は今後の物資受給状況を考察の上、専ら社会的存在を旨とし、健全な社会生活に影響を及ぼさない範囲内において逐次復活を認め制限を緩和すること」を指示した。栃木県においては、「戦時中釘づけにされていた享楽面も終戦と共に県保安課では待合、料理店は勿論カフェー、芸妓置屋、芸妓等をどしどし許可する方針[※3]」の元、各警察署を通じてこれら風俗産業や飲食店の再開を呼びかけ、高級享楽の停止措置により休業や転業を余儀なくされていた各業者はまさしく雨後の筍の如くごく短期間で復活した。一九四五年十一月時点で、甲種料理店一六三件、乙種料理店一三八件、飲食店四六一件、芸妓七二名を数え、「戦時中火の消えた様な享楽面も終戦と共に活気を呈して来た[※4]」。鹿沼町でも、享楽面の復活は早く、工員宿舎の看板を外した料理店や軍需工場等から復帰した芸妓たちにより大繁忙を極め、さながら「お客争奪戦」の様相を呈したという。[※5]

しかし敗戦直後の開放感がもたらした活況も一時的なものであり、食糧事情が深刻な状況にあることに違いなかった。翌昭和二一（一九四六）年二月には未供出農家からの強制買い上げを可能とする「食糧緊急措置令」が施行された。さらに政府は、ＧＨＱからの輸入食料放出の許可を求め、高級料理店の閉鎖を盛り込んだ「食糧危機突破対策要領」を決定し、これを受けた警保局長通達「高級料理店、高級飲食店等臨時休業措置に関する件」により、栃木県下の高級料理店も七月一日より臨時休業することとなった。しかし、場当たり的な本施策の効果は薄く食糧危機は深刻化を極めた。

そして、昭和二二（一九四七）年七月一日に「飲食営業緊急措置令」（政令第一一八号）が公布された。外食券食堂・旅館・喫茶店を除くキャバレーやカフェー、バー、露店等も含めた「料理店・飲食店その他設備を設け客に飲食物を提供して飲食せしめる営業（待合を含む）」に対し「何人も、昭和二二年七月五日から同年十二月三十一日までの間は、飲食営業を営んではならない」と一斉休業が命じられた。一般には「料飲店禁止令」、または施行期日から「七・五政令（禁令）」とも呼ばれた本令は、当初半年後が期限とされたが、その後の情勢から計三回の延長措置により結局昭和二四（一九四九）年四月三十日まで継続された。一方食料輸入の増加や国内生産の回復により、昭和二三（一九四八）年以降食糧危機は徐々に改善に向かった。

さて、料飲店禁止令の発令後程なく、料理店の「貸席業」（集会等をする者から席料を徴収し席を提供する業。料理の提供はならない）が認められ、その席に芸妓を呼ぶことも容認された。料理店休業によって転廃業を危惧された芸妓たちも営業を継続させた。鹿沼町では八月から大澤楼・

喜楽・鳥長・花月をはじめ十軒の料理店が貸席業に転業した。芸妓は客とみなし席料は客一人十円とされた。[※6]

料飲店禁止令は「中にはその抜け道、裏街道を考えて、類似した営業を続けて行こうとしている者があり[※7]」、当初より「裏口営業」が危惧されたが、国から地方に委譲された遊興飲食税の負担が、それらの脱法行為の横行に拍車をかけたといってよいだろう。「禁令を犯して営業すれば警察から取締られ、さればといって手控えれば当然裏口営業をしているものとして掛ってくる税金が払えないという板ばさみ[※8]」という厳しい事情から、やむを得ず裏口営業に走る業者も多かった。

裏口営業を行う料飲店には、「担ぎ屋」によって農村から運び込まれた食糧や旧日本軍の放出物資や隠匿物資を販売する「ヤミ屋」稼業で莫大な利益を上げた「ヤミ成金」たちが集い、風紀紊《ぶん》乱《らん》や犯罪の温床となることが危惧された。このような状況は、風俗産業への取締規則を含む戦前の警察法規が改廃される中、「風俗営業取締法」成立の契機ともなった。

一九四八年八月に遊興税から名称変更し課税範囲を拡大した「遊興飲食税」は、栃木県内において、徴税方法や割当納付額を巡って大きな混乱を巻き起こした。遊興飲食税は各地域の担税力を見込み決定した割当額を徴収させる「責任納付」制が基本的に採られたが、客から玉代や飲食料金に上乗せして徴税しなくてはならない料理店や芸妓たちにとって、県税務課が提案した税額は到底首肯できるものではなかった。宇都宮芸妓五五名が招集された公聴会では、県当局と芸妓たちが遊興飲食税の責任納付を巡り激論を戦わせた。芸妓たちは「徴収する気になっても出来ないものは出来ない、税金と言うと踏み倒して平気でいるお客が多いし私たちには強く追求《ママ》出来ない、私たちも苦しい板挟みになっている」と実情を縷々《るる》訴え、割当額の減額を粘り強く交渉した[※9]。

さらに、一九四九年五月に料飲店が再開された後、地方財政委員会は、栃木県に対し一億二八〇〇万円という遊興飲食税の徴収見込額を提示した。これは当初予算額二四〇〇万円の五倍以上となる金額であり、県当局にも衝撃を与えた。この事態に対して、佐野市では「商売上がったり」と芸妓が一斉廃業に踏み切った他[※10]、足利市では、地方事務所に対する割当額の減額交渉の一環として芸妓が一斉休業[※11]、また鹿沼市では、遊興飲食税割当額六〇〇万円との通知に対し、料理店・鳥長の鈴木恒四郎を代表とする鹿沼市料理業組合は「とても支払いきれない」と無記名投票による転廃業が模索された[※12]。

このように遊興飲食税は、制定当初から迷走を繰り返し、当事者である芸妓や料飲店にとって営業継続を危ぶませる程のインパクトを与えるものだった。

※1 食糧庁食糧管理史編集室・統計研究会食糧管理史研究委員会『食糧管理史・第二』統計研究会、一九五六年、八頁。
※2『終戦後の経済取締概況』国家地方警察本部刑事部防犯課、一九五一年、四〇八頁。
※3『下野新聞』昭和二〇年十一月十七日。
※4『下野新聞』昭和二〇年十一月十七日。
※5『下野新聞』昭和二〇年十一月十八日。
※6『下野新聞』昭和二二年八月十六日。
※7『下野新聞』昭和二二年七月六日。
※8『下野新聞』昭和二三年七月二十三日。
※9『下野新聞』昭和二三年一〇月二十九日。
※10『下野新聞』昭和二四年五月十三日。
※11『下野新聞』昭和二四年五月三十一日。
※12『下野新聞』昭和二四年五月二十八日。

2. 芸妓たちの「民主化」

一九四五年十月九日、幣原喜重郎内閣はＧＨＱからの「五大改革指令」（婦人解放、労働組合結成の奨励、学校教育の民主化、秘密審問司法制度の撤廃、経済機構の民主化）を受け入れ、日本の民主化が本格的に開始された。

復興の途上にあった栃木市花街において発足した「栃木見番組合」が、料理店と置屋（芸妓）双方の利益配分を同等とすることを報じた新聞記事には「芸妓も民主化か」という見出しが躍った。[※13]慣習や伝統の根付く芸妓の世界にとっても、民主化の波は避けがたいものであったことを端的に示していよう。一九四六年六月十五日に県内の芸妓置屋組合の代表者が出席し開催された栃木県芸妓置屋連合会の総会では、前貸金等によって芸妓を拘束する旧来の経営方針を全廃し、芸妓を「自由営業に解放すること」を申し合わせた。[※14]主人と雇人という従属関係を廃し、歩合制の導入などによって芸妓営業の「自由化」が比較的スムースに進行した背景には、戦時下において勤労動員で得た収入が前借金の返済を容易にさせた事実があることも否定できないだろう。大田原署管内の芸妓四一名の内、一九四六年七月時点で前借金を有する者は一名のみであり、「終戦前勤労に従い収入を得たのと、その後商売が割合に順調だった関係から前借がないのでこの方は難色なく片づくことになった」[※15]という。

さらに、一九四七年九月一日に施行された労働基準法は使用者と労働者の位置付けを契約上対等にし、置屋が芸妓を「抱える」ような前時代的な従属関係を解消するものであった。栃木県内では、接客婦やダンサーを含めた風俗産業に従事する女性たちへの実質的な拘束状態が続いているとみた県労働基準局による一斉調査が実施され、[※16]芸妓に客との泊まりを強要した他、「水揚げ」と称して売淫させた足利市の芸妓置屋が労基法違反の容疑で起訴された。[※17]この裁判では「芸妓といえども労働者であり使用人が芸妓の辞めたいという意志に反して前貸金を理由に労働を強制す

ることは労基法第五条違反」との判決が下された。※18

芸妓たちの労働環境は着実に改善されつつあったが、このような状況に対して当事者である芸妓たちはどのような反応を示したのだろうか。「宮の芸妓は極楽　だが芸はすたる」と題した宇都宮芸妓・小菊の談話が残っている。

「宇都宮ではあたしが三年程組合長をやっていますが神経質なほど労基法の徹底を強くいい含めていますから（…）宮（宇都宮）の芸妓はずいぶん民主化されていますけれどそれがかえって芸の向上に仇になっているので困りますね、玉代をはねられる心配もなし金は入る、叩かれながら泣き泣き芸を習う事もなし、客の方でも質が落ちて芸のない妓が流行歌でお茶をにごしても何とも思わない（…）昔のやり方と今の労基法と半々に取入れたら理想的になるんじゃないかと思っているんですがねえ」

（『下野新聞』昭和二四年四月十六日）

労働基準法とともに、未成年者の育成や生活の保障を掲げた児童福祉法の成立（一九四七年十二月公布）によって、「仕込み」として年少より過酷な修行を課すことや、置屋による搾取は表面的には否定された。小菊のことばからは、民主化がもたらした芸妓たちの地位の向上や生活の安定を前向きに捉える半面、それが必ずしも伝統の継承や芸の向上に資するものではないという葛藤が見られる。「民主化」に対する芸妓たち自身の反応は一様ではなかったといえよう。

※13『下野新聞』昭和二一年三月六日。
※14『下野新聞』昭和二一年六月十七日。
※15『下野新聞』昭和二一年七月五日。
※16『下野新聞』昭和二四年四月十六日。
※17『下野新聞』昭和二四年五月一日。
※18『下野新聞』昭和二四年十二月二十二日。

3．公娼制度の廃止

ＧＨＱは、一九四六年一月二十一日に覚書「日本ニ於ケル公娼制度廃止ニ関スル件」を発し「日本における公娼の存続はデモクラシーの理想に違背し、かつ同国における個人の自由の発達に相反するものである」と公娼制度の廃止を政府に求めた。これに対して内務省は二月二日内務省令第三号により、明治三三（一九〇〇）年施行された「娼妓取締規則」を廃止した。続いて警保局

郵便はがき

料金受取人払郵便

宇都宮
中央局承認

3111

差出有効期間
2026年5月31日
まで

3 2 0 - 8 7 9 0

（受取人）
栃木県宇都宮市本町10－3
TSビル

随想舎 行

小社へのご意見、ご感想、希望される出版企画、その他自由にお書きください。

ご記入いただいた個人情報は、当社のDM以外に使用することはありません。

ご購読者カード

今回のご購入書籍名

お名前 ………………………… ……… 歳（男・女）

ご住所（〒　　－　　）…………………………

お電話番号 ………………………………

ご職業または学部・学年 ………………………

購入書店 ……… 郡・区 市 ……… 町 ……… 書店

本書の刊行を何によってお知りになりましたか。

書店店頭　広　告（　　）　書　評（　　）　推　薦　寄　贈　ホームページ

購入申込書

このはがきを当社刊行図書のご注文にご利用下されば、より早く、より確実にご入手できます。

（書名）　定価　（　　）冊

（書名）　定価　（　　）冊

（書名）　定価　（　　）冊

＊どちらかにしるしをつけてください。

□**当社より直送**（早く届きますが、送料がかかります。振込用紙を同封しますので、商品到着後、最寄りの郵便局からお振込みください）

□**書店を通して注文します。**（日数がかかりますが、送料はかかりません）下記に記入してください。

ご指定書店名	書　店	取次	（この欄は当社で記入します）
	県 都 府　郡・区 市　町		

により「公娼制度廃止に関する件」が通達され、娼妓たちは前借金や年季契約といった拘束からようやく解放された。しかし具体的な方針として示した「公娼制度の廃止に関する指導取締りの件」で「個人の自由意思による売いん行為は、本件とは別個の問題であって、これらの措置については売いん取締法規および花柳病予防関係法規等の立場から、各地方の実情を勘案し適切な措置を取ること」と自由意思による売買春は黙認される。十一月十四日、吉田内閣の次官会議で売買春を「社会上已むを得ない悪」と認め、従来の公娼・私娼地域は特殊飲食店等が集まる集娼地域に再編され「赤線」と通称された。

またＧＨＱ主導の元、治安維持法に代表される民主化の阻害となるような警察法規の改廃が進められたが、栃木県では一九四五年十一月中に「遊廓設置規程」等を廃止した。また、従来、料理店・待合・カフェー・ダンスホール・遊技場等の風俗営業に対する警察取締法規は庁府県令で定められていたが、新憲法施行に先立つ一九四七年四月十七日公布の「日本国憲法施行の際現に効力を有する命令規定の効力に関する法律」（法律第七二号）により同年十二月末をもって失効することとなったため、一九四七年四月二十五日県令第二六号及び十二月二十七日第五一一号により「芸妓置屋営業取締規則」を含む多数の命令を廃止した。以降、翌一九四八年七月十日に風俗営業取締法が公布（九月一日施行）されるまでこれらの営業に対する取締法規が存在しない「空

白状態」が現出した。[※19]

その一方で、一九四五年八月十八日に「進駐軍特殊慰安施設整備について用意されたし」という警保局長通達が発せられ、二十三日に結成されたＲＡＡ（特殊慰安施設協会）によって各地に進駐するアメリカ軍将兵に対する性的慰安施設の整備が進められた（図21）。

その後、性病がまん延していることから、一九四六年三月二十七日にアメリカ軍将兵の慰安所への立入りを禁止した。この頃から「パンパン」「闇の女」と蔑称される街娼が現れ始め（図23）、性病対策を重視したＧＨＱ指導のもと公的機関による強制検診「狩り込み」（キャッチともいう）も実施された。

「OFF・LIMITS」の看板が掲げられる中（図22）、宇都宮市内においても宇都宮城址や八幡山《はちまんやま》周辺に「闇の女」が認められるようになった。[※20]終戦後の生活困窮によりやむを得ず「闇の女」となる女性も多かったが、これら街娼への対策は「病毒対策と風紀の問題」[※21]に重点を置くもので、未だ人権への配慮や福祉的な意識は希薄であった。性売女性の更生保護という観点は、売春防止法

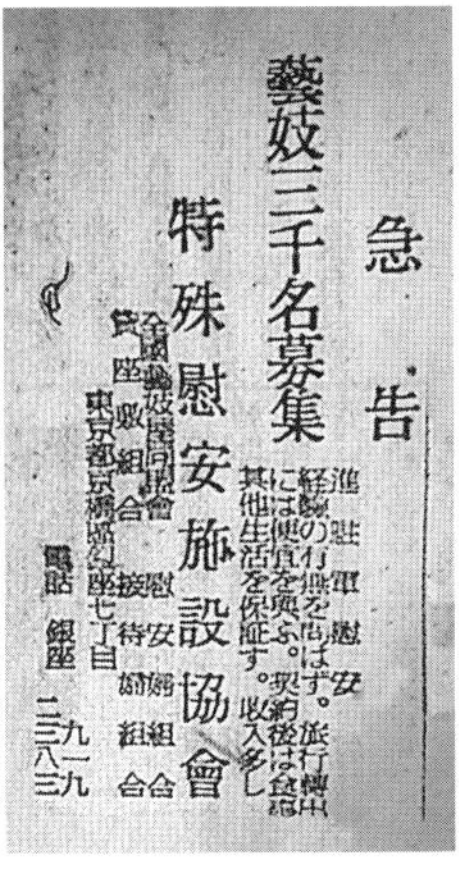

図21　RAA募集広告（『下野新聞』昭和20年11月19日）芸妓の他、従業員やダンサーなど多くの女性が全国から急募された

の成立過程においてようやく育まれていくことになる。※22

一九四七年十一月十日夜間に県警本部・宇都宮署により実施された一斉取締りでは合計七五名もの「闇の女」が検挙され、強制検診の結果、多数の性病保有者が確認された。※23 一九四八年九月には性病予防法が施行され、街娼への強制検診に法的根拠を与えられたが、この時点において栃

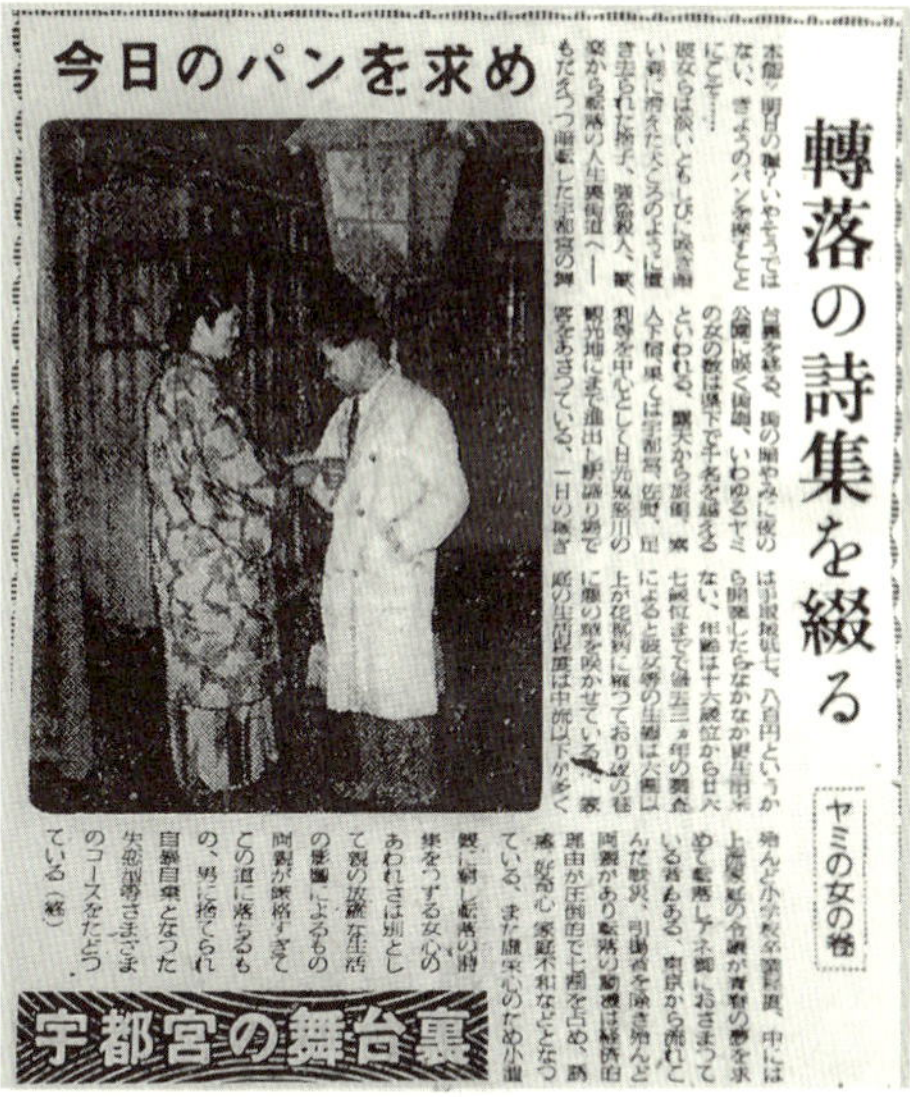

今日のパンを求め

轉落の詩集を綴る

ヤミの女の巻

宇都宮の舞台裏

図 23　闇の女（『下野新聞』昭和 24 年 4 月 27 日）
「宇都宮の舞台裏」と題した記事には「転落の詩集を綴る」「夜の巷に悪の華を咲かせている」等と扇情的なことばが並んだ

図 22「オフ・リミッツ」の表示（章扉写真の拡大）
橋田旅館の表札には、「OFFLIMITS」が掲げられている。GHQ 兵士の立ち入りを禁止したものか、あるいは接収により日本人の宿泊を禁じたものだろうか

木県内では一日二二～二三名の性病罹患率を示した。[※24] 戦後のこうした性病拡大の原因を、公娼制度の廃止や街娼の横行にあると見ていた当局によって、花街は私娼行為の温床と目され、芸妓たちも性病対策の範疇とされた。宇都宮署は性病まん延の実情に鑑み、芸妓屋他関係業者に対する厳重注意を行っている。[※25]

公娼制度の廃止は、芸妓たちの営業に直接的な影響を与えるものではなかった。しかし、性売行為の潜在化という状況において、彼女たちに他の女性従業者（接客婦や街娼等）との差異を自覚させる契機となったのではないか。宇都宮芸者三名が出席した談話会において交わされた彼女達の言葉に耳を傾けてみよう。

「金さえ払えば自由になるんだという考え方は嫌ねパンパン同然に見られるのはつらいわ」「そんな風に見られても仕方のないような芸者もいるのね、お客の考えを改めてもらうには矢張りそんな芸者の方が先に改めなければならないと思うの」「芸者は芸一すじに生きて芸でお客に気に入られるのでなくては」

（『下野新聞』昭和二三年六月十九日）

その後、県内における街娼は宇都宮、佐野、足利の地方都市の盛り場を中心に日光や鬼怒川等の観光地まで広がりを見せたが、[26]経済状況の回復とともに潜在化していった。[27]

※19『栃木県警察史』（下巻）栃木県警察本部、一九七九年、五九六頁。
※20『下野新聞』昭和二二年九月十六日。
※21『下野新聞』昭和二二年九月。
※22 藤野豊『性の国家管理』不二出版、二〇〇一年「第五章・売春防止法の成立」参照。
※23『下野新聞』昭和二三年十一月十二日。
※24『下野新聞』昭和二三年七月二十九日。
※25『下野新聞』昭和二四年六月八日。
※26『下野新聞』昭和二四年四月二十七日。
※27『栃木県警察史』（下巻）五八一頁。

以上、終戦直後から高度成長に至る復興期において、国家政策や社会経済状況の変化が、栃木県内の芸妓たちにも大きな影響を与えたことを確認した。

五大改革指令に始まる民主化政策が推進され、労働権や児童福祉が確立される中、前借金や「丸抱え」に代表される芸妓たちへの拘束状態は徐々に改善されていった。また食糧難への対応として発された料飲店禁止令や県に移管された遊興飲食税は、芸妓たちの営業に直接的な影響を与え自主的な思考や行動を促した。一方、公娼制度の廃止に伴う準公娼制度への移行や、街娼の増加等によって性売行為における公私の境界が無化され潜在化していく過程において、芸事への精進こそ本道であるという自覚が改めて芸妓たちに促されたのではないだろうか。

戦後の混乱期を閲した芸妓たちが、直接行動によって自己の権利を訴えた事例として、鹿沼市で起こった「お座敷ストライキ」を紹介して本章を締め括ろう。

戦後、鹿沼町では初の直接選挙によって選出された鈴木金一郎町長の元、配給制度の明朗化や生活援護等に関わる施策が進められた。その後一九四八年十月十日に市制が施行され鹿沼市が誕生した。地方自治が確立し町村合併が促進される中、鹿沼市はその後も市域を拡大し、南摩村と南押原村と合併した昭和三十（一九五五）年八月までに粟野町との合併（平成十八（二〇〇六）年）前における市域を確定した。

そして、すでに高度経済成長期に突入していた昭和三三（一九五八）年一月十七日、瓢家《ひさごや》の飯竹連《れん》を組合長とする鹿沼市芸妓組合三九名の芸妓が突如、料理組合加入店への箱入りを拒絶する「お座敷スト」に突入した。[※28]これは芸妓組合において市議会議員・河野辺文吉を仲介役として料理店側に求めていた玉代に上乗せされる手数料の減額交渉が決裂しストライキに至ったものであった。この間、芸妓組合側は料理業組合未加入の寿司屋や一杯飲み屋には出張サービスするなど柔軟な対応を見せた。しばらく膠着状態が続いた後、河野辺の仲裁によって両者妥結に至った。これは大正時代から繰り返された「紛擾」の再燃でもあったが、事態の収拾に当たっては、営業自由化や遊興飲食税への対応、さらに後述する野球チームの再結成等を経て強化された芸妓たちの結束や危機への対処能力が、遺憾無く発揮されたことであろう。

この頃鹿沼芸妓組合にとって大正期に次ぐ繁栄期が訪れていたと考えられる。この二回目のピークは、特需や復興に伴う好景気を背景とする点では同様であるものの、戦後訪れた広汎な社会経済状況の変化によって、大正期のそれとは確実に色彩を異にするものにしていた。

※28 『下野新聞』昭和三三年一月十七日、『栃木年鑑・昭和三四年版』栃木新聞社、一九五九年、三一一頁。

第五章

芸妓と競輪

鹿沼市内美容院（髪結い）の軒先で寛ぐ芸妓たち（昭和 20 年代）

本章の扉に掲げた写真をご覧いただきたい。戦後間もない頃、鹿沼市内の美容院（髪結）の軒先で撮影されたと伝わるそのスナップには四人の女性が写っている。奥で雑談する和装の三名は鹿沼の芸妓、縁側に座る女性は女子競輪選手であるという。彼女たちの打ち解けた姿からは、芸妓とその女子競輪選手に親密な交流があったことさえも想像できる。

新時代の娯楽である競輪と、伝統の世界に生きる芸妓。一見してかけ離れた存在である両者の間に如何なる接点が穿たれたのだろうか。そしてその接点が終戦後の混乱がようやく収束に向かい高度成長への萌芽を待つこの時代にどのように位置付けられるのか考えていきたい。

そのためには迂遠《うえん》ながら競輪誕生の経緯から説き起こさなくてはならないだろう。

1. 競輪誕生

競輪の歴史は、倉茂貞助《くらしげていすけ》と海老沢清文という二人の人物が昭和二一（一九四六）年に、国際スポーツ株式会社を立ち上げ神奈川県に大型のスポーツ観光施設「国際公都」の建設を計画したことに始まる。資金繰りに行き詰まり計画は挫折したが、二人は次に戦前から各地で開催され定着していた自転車競技に目を付けた。世界的には一八九六年に開催された近代オリンピック第一回アテネ大会から自転車競技が採用された。明治以降自転車の普及が進んだ日本では、昭和六（一九三一）年に全日本アマチュア自転車競技選手権大会（平成二五（二〇一三）年に全日本選手権に統合）の前身である第一回全大阪サイクル選手権大会が開催され、昭和九（一九三四）年に全国的なアマチュア競技団体として日本サイクル競技連盟が結成された。これらが倉茂たちのアイデアの素地となった。

昭和二二（一九四七）年九月、倉茂らは自転車レースのギャンブル化を目論み「報償付き自転車競技」を企画した。しかし法的根拠に欠け実施困難と判断した後、自転車競技法制定の提案に転じ自転車競技法案期成連盟を結成した。

こうした努力が実り昭和二三（一九四八）年八月に自転車競技法が制定され、ここに競輪開催の土台が整った。同法は、自転車産業の興隆や自転車輸出の振興と並び、地方財政収入の増加を図ることを目的に掲げた。新憲法下における地方分権制度の強化によって地方行政事務が増大し財政支出も増加していた。競輪収益は住宅・学校・公共福祉施設の建設や戦災復興事業等に充当され、昭和三一（一九五六）年までに収益総額は約三四〇億円に及んだ。※1

また、競輪の開催に当たっては、各都道府県に設置された自転車振興会が、施行者である自治

※1『競輪と地方財政』全国競輪施行者協議会、一九五七年。なお競輪誕生の経緯については以下を参考とした。『競輪十年史』日本自転車振興会、一九六〇年。

体の委任を受け実務全般を取り仕切る形式がとられた。

国内において競輪が初めて開催されたのは一九四八年十一月、小倉市においてである。先に福岡県で開催された第三回国体における自転車競技の会場がそのまま競輪場に転用された。その後、大阪府、大宮市と続きいずれも好調な滑り出しを見せたことから、昭和二四（一九四九）年以降、全国各地で競輪場建設ブームが起こった。折しも「経済安定九原則」指令に基づく建設資材への強力な統制がある中、昭和二五（一九五〇）年には宇都宮市を含む全国三四箇所の競輪場が新設された。

2. 宇都宮競輪スタート

一九五〇三月二十七日に、第一回宇都宮市競輪が開催され、初日の八幡山会場には無慮一万五千人の観客でごった返した。開催前より、ミス競輪による出張宣伝や、ポスター三千枚の配布、主要駅前の歓迎アーチ設置など盛大にピーアールを実施し、また自転車改良や市財政強化という名目を掲げた「健全競輪」を強力に押し出したため「市政を左右する〝バクチ〟[※2]」として市民の大きな期待を集めた。

競輪開催に先駆け三月二十一日に行われた開輪式では、「競輪音頭」（図24）「競輪行進曲」の発表会や模擬競走が実施され、来賓が観覧する中、宇都宮芸妓五十名が手踊りを披露。「宮の姐さん五十名が踊るあでやかな競輪音頭と頭上にさく裂する風船花火は観衆を魅し夢と希望の世界に誘いこんだ[※3]」。さらに二十七日から四月二日まで宇都宮市内で競輪祭が開催され、祝

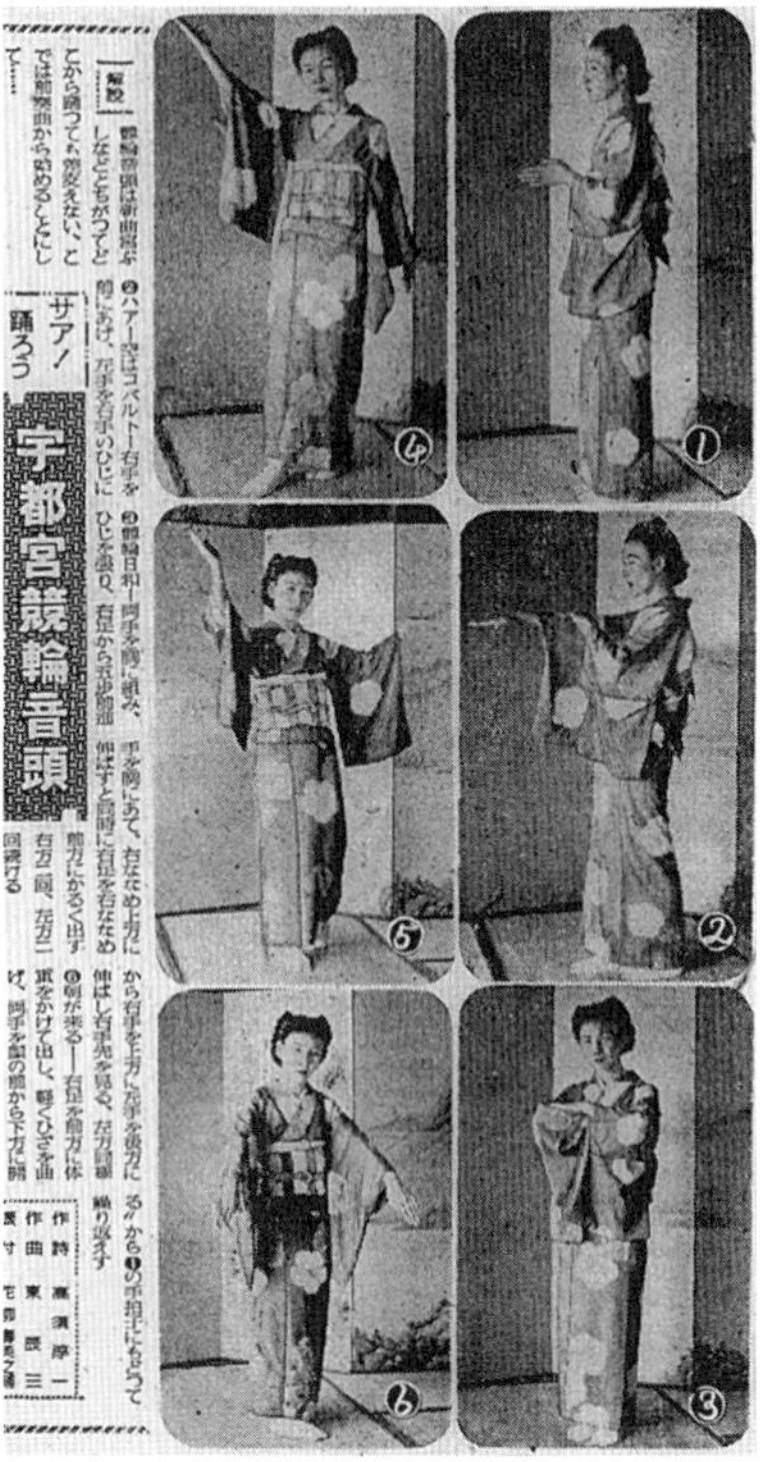

図24「宇都宮競輪音頭」の振り付けを説明する記事（『下野新聞』昭和25年8月5日）

コワイものはスランプだけ
足の女王 鈴木さん
女性職場めぐり ②

一昨年暮九州小倉市でフタあけをした競輪は松山でせ大万、千葉で十万円を始め大穴続きがレースのスリルとともにすっかりヌレ手にアワの人心をキャッチして、その後全国的に発展、現在競輪場の数四十三、登録選手は五千余名（うち女子が三百廿名）いやもう「競輪選手でなければ嫁に行かぬ、嫁にもらわぬ」までに時代の売れッ子、さて本県十名の女流選手のうち鈴木、大嶺、田島選手などファンのよく知るところだが、関東ダービーに見事優勝した鈴木和子さんを第四回宮競輪も終ってホッと一息というところを宮市旭町本丸跡の自宅に一寸見参した、優勝旗と花輪が三つ

「顔礼代りですな」

中学時代から自転車に乗るのが勉強よりも大好き

「お父さんはオテンバ娘だと笑われるからよせ」

といっても素直にうなづく和子嬢ではなかった、好きこそ物の上手なれの例え通りぐんぐんペタルに速度が加わって昨年十一月の資格試験もなんのその今年二月岐阜県がサイコロの振り出し、振り出したら[illegible]同様止ることを知らず、十八歳四尺九寸四分、十三貫五百匁の小粒で

「ナァニ大きい体におそれ入った日には奈良の大仏さまが拝めません」

てな調子で、とうとう五月の関東ダービーには群がるお姉さん連を蹴とばして一着になってしまったからサンショウの威力は末おそろしい

「今まで十五回出場しました」

二着になった時は「サァー」と

図25　栃木県出身の女性競輪選手・鈴木和子（『下野新聞』昭和25年7月26日）鈴木は第一回宇都宮競輪にも出場した

賀花火の打ち上げや芸妓による音頭発表会など数々のアトラクションに、「全市は競輪一色に色どられる」[※4]大賑わいをみせた。

また、第一回競輪から鈴木和子をはじめ三名の女性選手の出場があったことも注目される（図25）。興行形態において全てを競馬に倣った競輪が求めた新機軸の一つが女子競輪の実施であった。[※5]女子選手は男女平等思想が普遍化する中で女性の新職業として脚光を浴びた一面もあった。この点については、鹿沼芸妓たちの野球チームが範とした戦後の女子プロ野球と同じ側面を有していたと考えられる。八木久仁子が指摘するように、青年男性の大量死がもたらした終戦直後における人口ピラミッドの不均衡が女性の社会進出を後押しした可能性もあり、「新しい時代の女性たちにとって未知の分野や新しいスポーツ領域に飛び込む機運が高まっていた」[※6]ことは確かであろう。

しかし、女子競輪に関しては人気低迷もあり昭和三九（一九六四）年十月末に選手全員の登録が削除され、誕生以来十六年で廃止された。[※7] 一方人気を博した女子プロ野球も早くにノンプロ、企業チームへ移行、高度成長期にかけて徐々にチーム数を減らし昭和四六年に完全消滅した。女子プロ野球の選抜基準に「容姿端麗」が挙げられるなど、当時の女子プロスポーツは、女性の解放や経済的自立をアピールしながらも巧みに女性の肉体的魅力を売り物とするような前時代性や欺瞞性を内包していた。女子競輪においては、「花」としての役割にギャンブルの「駒」という二重の期待が課されたことが、[※8] その衰退を早める一因となったのではないだろうか。終戦直後の混乱が収束に向かう過程において、スポーツ界への急激な進出を果した女性たちに対する、ある種のバックラッシュが働いたとも考えられよう。

その後紆余曲折を経て、平成二四（二〇一二）年に女子競輪は「ガールズケイリン」として四八年ぶりに正式復活を果した。一方野球については、平成二一（二〇〇九）年に復活を果した女子プロ野球が経営難で無期限休止した後も、プロ野球チーム傘下の女子チーム創設や学校における女子野球部創部が相次ぐなど、女子の競技人口は増加傾向にあるという。[※9]

※2『下野新聞』昭和二五年三月九日。
※3『下野新聞』昭和二五年三月二十二日。
※4『下野新聞』昭和二五年三月二十日。
※5 古川岳志『競輪文化―働く者のスポーツの社会史』青弓社、二〇一八年、二五六頁。
※6 八木久仁子「昭和の女子野球：その興亡の要因」(『人間健康研究科論集』、二〇一八年)。
※7『競輪六十年史』JKA、二〇〇九年、一一六頁。
※8 古川前掲書、二七一頁。
※9『産経新聞(電子版)』二〇二二年一月十九日他。

3. 競輪自粛から復活への途

宇都宮競輪では、初開催から間もない第六回競輪の最終日に、全国的にも注目を集めた「宇都宮騒擾事件」が発生する。

その日、一九五〇八月十三日の第十二レースにおいて騒動は勃発した。審判員の曖昧なジャッジが観客に不信感を与え、発走やり直しを求めるファンとそれを認めない執行部側が衝突。暴徒化した数百名のファンが休憩所や本部に投石や放火する事態に発展し、警官隊三〇〇名が出動してようやく鎮圧された(図26)。翌八月十四日、市議会緊急全員協議会が開かれ、自転車振興会役

宮競輪大混乱に陥る
激昂の観衆押寄せ
建物に焼打ち、投石す
三百名の警官出動
催涙ガス使用、群集を追拂う
本社自動車も襲わる

図26　宇都宮競輪の騒擾を伝える記事
（『下野新聞』昭和25年8月14日）

員が経過報告の上、事件の徹底究明を約し「今後の明るい競輪運営のため振興会の根本的改組を図ること」[※10]となった。

当時、競輪収入の増加に比例するように、レースへの不満をファンが暴力行動をもって訴える騒擾事件が全国各地で頻発していた。社会悪の根源を競輪に求めるような報道の影響も手伝い、社会大衆への競輪に対するマイナスイメージが植えつけられつつあった。これら騒擾事件の多くは、判定技術の未熟さ、観客の理解不足、選手意識の希薄さ等に起因するものだったが、選手を籠絡し八百長レースを仕掛け不当利益を得る「ボス」の存在も度々取り沙汰されていた。このような状況に鑑み、八月二十四日通産省は栃木県自転車振興会に対して解散命令を出し、宇都宮競輪は二カ月間の開催自粛に追い込まれた。それまで騒擾事件が発生しても実施団体の解散という厳しい処分がなされることはなく、「この解散命令は、全国で最初のケースとして各自転車振興会にあたえた衝撃は大きかった」[※11]。競輪の主務官庁である通産省としては宇都宮事件への強硬措置を以て健全競輪への布石とする目論見があったのだろう。

しかしこうした状況にも関わらず、一九五〇年九月九日に「鳴尾事件[※12]」が発生した。レースの成立を巡り暴徒化したファンが払戻所に乱入し、警官隊の威嚇射撃によって死亡者一名を出す最悪の事態となった。九月十五日に、通産省・全国競輪施行者協議会・自転車振興会の三者緊急会議は「当分のあいだ、競輪の開催を全国的に中止し、経理の明朗健全化を図ることに決定した」との声明を発表し、全国競輪の二カ月間停止が決定された。宇都宮競輪にとってはまさに追い討ちとなる処分となった。この間多くのマスコミは「競輪廃止」を提唱する等、競輪は開始二年目にして「存続か廃止かの重大岐路[※13]」に立つこととなった。

明朗健全な競輪の再生を目指し様々な改善策が検討される中、選手の養成や徹底管理を期して「日本サイクリストセンター（NCC）（一九五五年日本競輪学校に改称）」が自粛声明のあった一九五〇年九月十五日に完成した。全寮制による選手の養成機関として、競技や自転車整備の知識をはじめとした選手規律を養成するための訓練が開始された。この時点で競輪の選手登録数は男子五六七四人、女子六〇五人にまで膨れ上がっていたが、入所検定と身体検査が課されたことにより、誰しもが選手登録のみでプロになれた時代が終わり不良選手は淘汰されていった。競輪は、敗戦後の混乱期にいわばどさくさに紛れて誕生し売上も急増したが[※14]、その急激な膨張による反動が「騒擾事件」等の問題となって表出したといえよう。そして社会的な非難が強まる中、「明朗健全」を目指し選手管理の強化や判定技術の向上、制度的な再整備が進められていった。

宇都宮騒擾事件においては「全国的に競輪に対する非難の起っている現在宮競輪も審判員の正確な判定と出場選手の質の向上によって明るくしてほしい、とに角今度の事件を虚心坦懐に反省する必要があり宮競輪を明朗に再建することが必要だ[※15]」といった市民の声に対し、市は「明朗競輪の再建」を期し新たな自転車振興会の設立と競輪再開に乗り出した。

こうした中、下野新聞社と五市共催によって開催されたのが「県下五市早回りノンプロ自転車競走」である。

※10 『下野新聞』昭和二五年八月十五日。
※11 前掲『競輪十年史』一〇七頁
※12 一九五〇年九月九日に兵庫県武庫郡鳴尾村（現・西宮市）の鳴尾競輪場（後の甲子園競輪場）で起こった騒擾事件。
※13 前掲『競輪十年史』一一六頁。
※14 古川前掲書、五二頁。
※15 『下野新聞』昭和二五年八月十六日。

4. 芸妓たち自転車競走に参加

「県下五市早回りノンプロ自転車競走」は、「健全スポーツとして誰でも楽しく遊べる明朗競輪の発展を図るため[※16]」、全国競輪の自粛期間である一九五〇年十月十五日に下野新聞社と宇都宮市・足利市・佐野市・栃木市・鹿沼市との共催により開催された。ルールは、栃木県内五市（宇都宮→鹿沼→栃木→田沼→足利→佐野→小山→石橋→宇都宮）全一三三キロメートルのコースを八人編成のチームがリレー方式で走破し各区間のラップタイム合計を競うもので、プロ登録者を除く県内のノンプロ乃ちアマチュアチームの募集が開始された。

大会は正規レース外の特別参加も認められており、まずこれに名乗りを上げたのが宇都宮市の芸妓・小梅であった[※17]。続いて小梅に刺激された鹿沼市の芸妓たちが特別参加を申し込んだ。ひょうたんさん率いる、栄子・秀丸・久丸・トン子・秋子・右近・鹿ノ子・礼子・久太郎の十名である（図27）。彼女たちはこれに先立つ同年七月初旬に「紅鹿《くろく》チーム」という野球チームを結成し、お座敷仕事の合間を縫って練習に励んでいた。自転車競走の参加に当たっては「野球の脚ならしに

もなる」と意気込みを見せた。※18

最終的に出揃った正規十九チームには学生や郵便配達員など健脚自慢の男女、さらに特別参加枠には芸妓たちの他、美容院従業員や長生学校校長など多士済々な顔ぶれが並んだ。

飛入り続々と
十人揃って
"脚ならしよ"鹿沼の姐さん達
ノンプロ自転車競走

五日早回りノンプロ自転車競走に宇都宮の小梅ねえさんが単独走破の特別参加を申込んだのに刺戟され「私たちも走りましよう」と鹿沼市のひようたん姐さんの号令で栄子、秀丸、久丸、トン子、秋子右近、鹿ノ子、礼子、久太郎の姐さん十人が六日揃って単独走破特別参加を申込んだ、一行十名は先に紅鹿野球チームを県下花柳界に先がけて結成し試合申込みを待つていた矢先なので野球の脚ならしにもなると十名一丸となつて早回り走破に参加となつたもので七日から脚ならしの練習を始める【リーダーひようたん姐さん談】当日宇都宮市のスタートから参加しようと思いましたが小梅ねえさんと七十四歳の早乙女さんをコース半ばで歓迎する意味から宇都宮―鹿沼街道の長坂附近に出迎え仲間入りしたいと思います

写真＝上からひよ…
秀丸、栄子、鹿…
子、右近、鹿の子…
ギ子（二）で紹…
聞をやつた経験…
さんには負けな…
ている 写真＝…

図27　鹿沼芸妓たちの自転車競走への特別参加を伝える記事（『下野新聞』昭和25年10月7日）

十月十五日早朝、秋晴れの下スタート地点に集まった数百の観衆に見守られる中「ノンプロ自転車競走」の火蓋は切って落とされた。鹿沼芸妓たち八名（二名は病欠）は、第一コースの途中で宇都宮市役所をスタートした小梅らを迎え鹿沼市役所まで歓迎走行を行い、第二コースの鹿沼・栃木間に入って西方村金崎で本選手団と別れるまで十二キロを走破した（図28）。正規レースの優勝はトータルタイム四時間四五分で「宇都宮選手育成第一軍チーム」が飾り、大盛況の内に自転車競走は閉幕した。

芸妓たちが自転車競走に参加したという事実自体は、社会大衆の興味の対象として消費され忘却される一過性のトピックであったことに違いない。こ

図28　鹿沼芸妓の集合写真
自転車競走に参加した際の記念写真ではないだろうか。遠目にも洋装の颯爽とした姿が窺える

こで本大会の目的に立ち返ってみよう。ノンプロ選手たちによる自転車競走が何故、「明朗競輪の発展」に寄与するものと考えられたのか。そこには近代スポーツにおける「アマチュアリズム」の尊重[※19]という背景が見えてこよう。明治期以降、国内に移入された野球をはじめとする各種スポーツが、旧制高校の課外活動などエリート層の健全なレクリエーションとして発展を遂げてきたことは第二章でも述べたとおりである。自己の筋力や体育的技能によって賞金を稼ぐ「職業選手は純潔でないという価値観[※20]」が定着する一方アマチュアリズムやフェアプレーが称揚された。つまりギャンブル性を排除した完全アマチュアの全力疾走を一般大衆に見せつけ、失墜した競輪のイメージアップを図りその再建への足掛かりとするために採られた手段が「ノンプロ自転車競走」であったのだ。

新憲法下における地方自治体の厳しい財政事情が競輪施行の正当性を保証したが、度重なる不祥事によってそれも瓦解、「バクチのテラ銭で学校や住宅をつくっても利益よりも大きな害毒が流されている」[※21]との論調が高まり競輪は存亡の岐路に立たされた。そしてその再生に向かう道程において自転車競走への参加という形で芸妓と競輪の間に接点が穿たれたのだ。

十一月十五日の全国競輪の再開に当たり通商産業大臣は「事故の絶滅と競輪に伴う弊害の防止に万全を期し、健全明朗な競輪の建設に全力を尽くさねばなりません」との声明を発表した。宇都宮市では十一月十一日に新たな自転車振興会の設立が認可され、「新装全くなる　明るい　正しい競輪」と銘打たれた第七回競輪の再開が決定した。

※16『下野新聞』昭和二五年九月二十九日。
※17『下野新聞』昭和二五年十月四日。
※18『下野新聞』昭和二五年十月七日。
※19 西山哲郎『近代スポーツ文化とはなにか』世界思想社、二〇〇六年、十一頁。
※20 古川前掲書、六六頁。
※21『毎日新聞』昭和二五年九月十五日。

5. 芸妓野球チームの復活

当時、鹿沼芸妓が自転車と同じくらいの熱意を持って打ち込んだのが野球である。県下ノンプロ自転車競走への参加が、野球チームを結成した彼女たちの「足ならし」であったことは先に触れた。かつて野球チーム「キャット倶楽部」を結成し、カフェー女給チームとの試合で喝采を浴びた彼女たちが、戦争や敗戦後の混乱期を経て十五年ぶりに野球チームの結成に至った理由は何だったのだろうか。

戦後、日本における野球の復活は急ピッチで進められた。占領政策の遂行を容易にするためGHQによる映画（スクリーン）とスポーツとセックスによる「3S政策」が採られたといわれる。各種資料から「スポーツを、日本の民主主義化促進のための有効な手段の一つと位置づけていた」※22ことは明らかであろう。「もし米国が日本に民主主義の何たるかを教え込むつもりならば、野球が一番よい、野球が教えるスポーツマンシップを日本人に十分吸収させることだ」という『ヘラルド・トリビューン』の社説※23が示すとおり、戦前から日本で人気を博した野球の復活には占領軍も協力を惜しまなかった。昭和二十（一九四五）年十一月十八日には、接収されステートサイドパークと改称した神宮球場でオール早慶戦が、同月二十三日にはプロによる東西対抗戦（日本職業野球連盟復興記念東西対抗戦）が開催された。早慶戦には四万五千人の観衆が押し寄せ、日本の野球人気の根強さにＧＨＱも目を見張った。このような状況に商機を見出した興行師・小泉吾郎は、一九四八年七月に、ダンサーを含む本邦初の女子プロ野球チーム「東京ブルーバード」を結成した。小泉は女子野球をあくまで新時代のエンターテインメントと考えており、選手たちの選考基準も「容姿端麗」を第一条件としていた。一九五〇年三月には女子プロ四球団によって日本女子野球連盟が発足、メディアによる報道や遠征試合による人気獲得も手伝い、年内までに三十近くのプロチームが結成された。※24

一方、栃木県における野球復活の状況を見てみよう。鹿沼町では、一九四六年四月に町体育協会が職域野球チームによるリーグ戦を開催するべく呼び掛けた所、二十余のチームが早々に結成された。※25また同年七月の県下中等学校野球大会においては、鹿沼農商学校（現・県立鹿沼商工高等学校）が優勝、さらに都市対抗野球大会では、二十回（一九四九年）・二十一回（一九五〇年）と、鹿沼の古澤建設が連続出場を果たし熱戦を繰り広げた。まさしく栃木県下における「球都」鹿沼の快進撃が見て取れるであろう。そして当時栃木県野球連盟会長を務めていたのが橋田長一郎である。橋田旅館の主人である橋田は、既述のとおり宇都宮中学校時代は野球選手として活躍し、栃木県初の実業団チーム・茶目倶楽部の中枢を担った野球人であり、また俳句や長唄など諸芸に通じた文化人でもあった。町議や県議を歴任し当然花街とも縁の深い人物である。一九五〇年五月に開催された「第一回市町村対抗野球大会」（下野新聞社主催）では、開会に先立ち橋田は次のように述べた。「文化日本の再建はスポーツと科学と芸能からということをモットーとして叫びつづけ実践の歩みを着々と進めて来たが、先ず我々の生活を端的に明朗化し終戦後いち早く希望と光明をもたらしたのがスポーツの復興にあったことはまぎれもない事実であった、そしてそのスポーツの最先端を行くものは実に野球であった※26」と。

終戦直後から雨後の筍のように、プロ野球や各種野球大会が復活し、また時代の間隙を縫うように女子プロ野球が誕生、栃木県下においては、鹿沼をはじめ各市町村において野球が大いなる盛り上がりを見せた。「将来は女子プロ野球にむこうに回すとハリ切っており、なかなかの気焔※27」と伝えられたように、鹿沼芸妓たちの野球チーム再結成には、そのような時代状況の後押しがあったのだ。

一九五〇年七月初旬、鹿沼市役所チームよりミットやバットを借り受け野球の練習を開始した彼女たちは、チーム名を鹿沼の紅裙（芸妓）の意である「紅鹿（くろく）」とした。メンバーは、主将兼投手・ひょうたん、捕手・ヒロ子、一塁手・トン子、二塁手・久丸、三塁手・秀丸、遊撃手・久太郎、センター・小豆、レフト・栄子、ライト・すみ子の面々である。鹿沼芸妓の筆頭株でも

図29 「姐さん野球」（『下野新聞』昭和25年8月5日）
「サラリとオ色気すてて　毎日お座敷以上の熱」と、紅鹿チームの練習風景が大きく紹介された

あるひょうたんや久丸は、戦前キャット倶楽部でも活躍した古参で、監督は市内実業団チーム「若人クラブ」の主将でもあった渡辺石材店の渡辺正二氏が務めた。[※28] 拡張工事が完成したばかりの御殿山公園の野球場には、練習に励む芸妓たちの嬌声が響き渡り、物珍しさに多くの見物客も集まったことであろう（図29）。

紅鹿チームは、前述した自転車競走へのエキシビション参加を挟み、同年十二月三日に開催された鹿沼市野球祭（市野球協会主催）に参加した。芸妓たちの対戦相手となった鹿沼球界の長老チームには、前出の橋田長一郎や中野正一郎、新島貫一、藤田藤吉等、鹿沼花柳界とも馴染み深い錚々たる面子が並んだ。珍プレイ続出の試合は、「五回戦で女子軍に勝利の女神が微笑んだところで試合中止、夕方から公民館で一同なごやかな杯を飛ばす室内戦に野球祭の幕を閉じた」[※29] という。後年、鹿沼市野球連盟によって編まれた冊子『鹿沼の野球』（平成十［一九九八］年）には、芸妓チームが敗戦後「男性チームと度々試合を行い、荒廃した人心一新に寄与した」との福富金蔵[※30] による回想が記録された。

※22 谷川健司『ベースボールと日本占領』京都大学学術出版会、二〇二一年、九頁。

※23 この社説は「民主主義は野球から」という見出しで『読売新聞』（昭和二〇年九月二十八日）で紹介された。

※24 間もなく女子プロ野球は、母体企業の経営基盤の脆弱さや野球技術の拙劣さ等の弱点を露呈し人気が凋落。起死回生を期し「健全スポーツ」を掲げ、昭和二七年以降はノンプロに移行した（八木久仁子『日本女子野球史』東京図書出版、二〇二二年）。

※25『下野新聞』昭和二一年四月一日。

※26『下野新聞』昭和二五年五月二十三日。

※27『下野新聞』昭和二五年七月四日。

※28『下野新聞』昭和二五年八月五日。

※29『下野新聞』昭和二五年十二月五日。

※30 福富金蔵は、鹿沼町吏員から同市助役となり、栃木県会議員に当選後、議長等を歴任した。その事績は三瓶恵史・著『福富金蔵伝記　あすなろは勁し』（一九八六年）に詳しい。

一九四九年四月に宇都宮で、芸妓の人気投票や、七十余名の芸妓総出による「宮節」の発表会等のアトラクションを盛り込んだ「さくら祭」が開催された。[※31] また五月三日の「足利商工観光祭」では、十数年ぶりとなる芸妓の手古舞行列が市内を練り歩き、[※32] 同月十三日〜十五日にかけて鹿沼では「さつき祭り」が初めて開催された。[※33]

一九四八年以降、食糧難がようやく沈静に向かう中、続々と復活する祭りや催事の場で唄い踊る芸妓たちの姿は、花街の復活を印象付けるものだった。こうした社会経済状況の安定が鹿沼芸妓たちをスポーツへ差し向けることにもなっただろう。

競輪誕生に大きく与った国際スポーツ株式会社は設立趣意に「「スポーツは平和と共に」やがて世界平和の再建と共にスポーツの隆昌は、文字通り有史以来の黄金時代を現出するに至ると信ずる」と高らかに謳い、その構想がやがて競輪誕生に結実した。※34「スポーツと平和」というスローガンが倉茂らプロモーターによる資金調達のための題目に過ぎなかったにせよ、ここまで見てきたようにスポーツの復活こそが終戦後に訪れた自由と平和を象徴する出来事であったことは間違いない。野球や自転車に打ち込む鹿沼芸妓たちの姿に、戦後の自由と平和を謳歌する時代精神の表れを感取することもできよう。

※31『下野新聞』昭和二四年四月三日他。
※32『下野新聞』昭和二四年五月五日。
※33『下野新聞』昭和二四年五月一日。
※34『大阪競輪史』大阪府自転車振興会、一九五八年、二頁。

図 30　紅鹿チーム
後列中央がひょうたんさん。その後ろ野球帽が秀丸さん。ユニフォームは鹿沼市の実業団チーム「若人クラブ」からの借り物で、男性チームとの交流を窺わせる

第六章

高度成長の幻

秋祭りの鹿沼芸妓衆
昭和29年、鹿沼商工会議所の花屋台を引いた際の装い。縹色の半纏と豆絞りの手拭いで揃えた粋な出で立ちである。衿には置屋と芸妓名が染め抜かれている

日本が「高度経済成長」に突入した昭和三十（一九五五）年に鹿沼市は周辺九村との大合併を果たした。市内では上下水道や総合処理場等の各種インフラが整備され、工場誘致による経済発展が目指されるようになる。税収も増加し市の財政規模も急激に拡大する中、中心市街地は大きな変容の時期を迎えていた。

産業構造の変化に伴う市街地からの人口移動や所得水準の上昇による消費生活の変容はまた、新たな娯楽産業やレジャー活動への人々の行動変化を促し、かつて遊興の中心であった花街の存在様態にも大きな影響を及ぼすこととなっただろう。

1．二つの「鹿沼音頭」

昭和二六（一九五一）年に鹿沼市は市制施行三周年を記念して市歌とともに「鹿沼音頭」（作詞：岩崎千絵子、作曲：堀内敬三）を制作した。第二章で触れたとおり旧鹿沼町時代には芸妓置屋組合による「鹿沼音頭」が存在したが、「ネオン」や「おぼこ娘」等の艶めいたフレーズを排除した、新生鹿沼市に相応しい「音頭」が求められるに至ったのではないだろうか。

図31　第一回市民夏祭り（『広報かぬま』（昭和58年8月号））郷土愛の醸成を図ることを目的として昭和58（1983）年8月に開催され、会場では「鹿沼音頭」による盆踊りが盛大に行われた

その後、昭和二八（一九五三）年十月に、町村合併促進法が施行され人口八千人以下の町村の合併が推進されることとなった。行政事務の増加に伴う税収確保が課題となっていた鹿沼市は、昭和二九（一九五四）年十月に板荷《いたが》村・菊沢村・北押原村・北犬飼村・西大芦村・東大芦村・加蘇《かそ》村の七カ村と、さらに南摩《なんま》村（一九五五年七月）、南押原村（同年八月）との合併により、粟野町との合併（平成十八（二〇〇六）年）以前における市域を確定した。

以降、新しい「鹿沼音頭」は、町内会や市民夏祭り等における盆踊りの伴奏曲として長く親しまれていくこととなった（図31）。参加者全員が輪になって同じ振り付けを踊ることでもたらされる一体感は、「旧町民」や「旧村民」から脱して新しい「鹿沼市民」としてのアイデンティティを確立し、結束を図る意識と象徴的に重なり合うものであったのかもしれない。旧鹿沼町域に係る景物のみが歌詞に織り込まれた旧「鹿

鹿沼音頭（芸妓置屋組合）

(1)花の鹿沼でサー
チョイト見せたいものは
鹿沼屋台にさつきにさくら(ソレ)
お国自慢のナー　鹿沼土
サテ　ドンドチャッチャセー
ドントチャッチセ

(2)千手お山のサー
チョイト観音さまは
花に酔ふたか
浮かれて出たか(ソレ)
はづかしいやらナー　頬かむり

(3)ジャズが流れてサー
チョイトネオンが招きゃ
しのぶその夜の三日月さまも
浮いた顔してナー　お成り橋

(4)起きよ起きよとサー
チョイトサイレン響きゃ
工場　工場に
モーターが廻る(ソレ)
街はほがらかナー　朝の空
サテ　ドンドチャッチャセー
ドントチャッチセー

(5)さつき地蔵にサー
チョイトあかりをつけて
鹿沼繁昌とお願をかける(ソレ)
おぼこ娘はナー　片えくぼ
サテ　ドンドチャッチャセー
ドントチャッチセー

(6)山で木をきりゃサー
チョイト斧さへはづむ
男なりゃこそ　どんと打つ音に(ソレ)
乙女つばきがナー　散りたがる
サテ　ドンドチャッチャセー
ドントチャッチセー

(7)暑さ忘れとサー
チョイトまたかこつけて
会ひに来たのは　黒川河原(ソレ)
小麦蛍もナー　身を焦す

(8)嫁にとるならサー
チョイト鹿沼の娘
いつもさらさら世渡り上手(ソレ)
麻のこころでナー　しんしまり
サテ　ドンドチャッチャセー
ドントチャッチセー

鹿沼音頭（鹿沼市）

(1)ハァー春はネー
春は花から
踊りは輪からヨー
千手お山のさくらから
さす手ひく手に
ヤンレソレソレ
花吹雪ソレ
花吹雪

(2)ハァー夏はネー
瀬音すずしい
黒川堤ヨー
行けば情の水しぶき
恋の蛍も
ヤンレソレソレ
飛んでくるソレ
飛んでくる

(3)ハァー秋はネー
秋はおはやし
祭の街ヨー
街の景気は積木から
千両万両の
ヤンレソレソレ
積木からソレ積木から

(4)ハァー冬はネー
粉雪サラサラ
男体暮れりゃヨー
灯影たのしいさし向い
積る想ひの
ヤンレソレソレ
紅が散るソレ
紅が散る

(5)ハァー踊りネー
踊り踊ろよ
踊の輪からヨー
丸く繁昌の輪が伸びる
鹿沼音頭の
ヤンレソレソレ
そろう意気ソレ
そろう意気

沼音頭」の存在意義は、合併後の鹿沼市において急速に低下していったことだろう。

また、新民謡として制作された旧「音頭」は、その創作過程自体に継承の困難性を胚胎していたと考えられる。大正末期から昭和初期にかけて民間交通の発達や昭和恐慌下における不況の挽回策として鉄道会社等が仕掛けた観光ブームが全国を席巻したことは第二章で触れたとおりだが、これら新民謡が地方イメージを喚起する旅客誘致のための有効な宣伝手段の一つとして考えられた。[※1] 新民謡の制作に当たっては「著名な作詞、作曲家に大金を積んで依頼する傾向が強く、いわば先を争って歌をつくり、ＰＲ合戦を演じた時代でもあった」[※2] とあるように、経済力のある料芸組合等が当地の事情に精通していない東京の流行作家に依頼するような場合も多かった。事実、中山晋平と永井白眉による「足利小唄」も当初は、地元市民を無視して地元の唄を作ったことから賛否両論があったという。[※3]

数多く生み出されたこれら新民謡の中には、その性急な創作過程と相俟って花街における局地的な流行として旅行客や地元の粋人らに消費されていったものも多かったのではないだろうか。鹿沼の旧「音頭」も例外ではなく、結局は宴席での余興として芸妓の演奏と共に歌い継がれるに留まり、大衆側への広範な伝播がなされることはなかったのであろう。

さて、一九五五年に発行された『栃木県商工要覧』には、鹿沼市の歌として芸妓組合と鹿沼市、新旧二つの「鹿沼音頭」が掲載されている。この事実は、国内経済において朝鮮戦争の特需を経て高度経済成長を迎えようとする当該時期が、市の発展過程においても「新旧混淆《こんこう》」する過渡期であったことを象徴しているともいえよう。

※1 武田俊輔「民謡の歴史社会学―ローカルなアイデンティティ／ナショナルな想像力」(『ソシオロゴス』第二五号、ソシオロゴス編集委員会、二〇〇一年)十二頁。
※2『しもつけの唄』下野新聞社、一九八〇年、二一六頁。
※3 前掲『しもつけの唄』二五五頁。

2. 高度成長期前半における遊興の二分化

一九五〇年代から六〇年代にかけての鹿沼市における「新旧混淆」の状況は、市街地の景観にも表れた。内町通りでは、洋装化や石油燃料の普及をはじめとする消費生活の変化の影響を受け、明治から昭和初期にかけて多数を占めた呉服商や米穀、肥料商等の「大店（おおだな）」の転廃業が進みつつあった。常陸屋、樫渕燃料店、柳佐吉肥料店等の大店が健在である一方、所得水準の上昇から消費生活の変容も進み、家電や家具などの新たな専門小売店も登場した。

このように市街地が「商業中心」であることに変わりなかった一方で、高度成長期前半までの旧鹿沼町域は「工業都市」の側面も有していた。第二次世界大戦中には軍需産業として伸長をみせた製麻工業は、敗戦後財閥解体の対象となった「帝国繊維株式会社」が過度経済力集中排除法によって昭和二五（一九五〇）年に三社に分割された後、昭和三四（一九五九）年に再合併により帝国繊維に戻った。以後、同社鹿沼工場は消防用ホースとリネン製品の生産拠点として発展を続けたが、帝国繊維工場の周辺には地元資本の中小の製麻工場が集まっていた。また、製麻工業とともに鹿沼における基幹産業であった木材業も戦後の復興需要から朝鮮特需、さらに高度成長期の住宅需要等により発展を続け、地場産業である建具業界も順調な成長をみせた。木工所は御成橋町や上材木町をはじめ中心市街地周辺に集積した。

一九五〇年代から六〇年代にかけて、鹿沼の中心市街地ではバー、鮨店、小料理屋、美容室等のサービス業が増加するとともに、中田町ではパチンコ店や映画館等の新しいサービス業の進出

図32　鹿沼商工会議所の花屋台を引く芸妓衆（昭和28年頃）上の半纏を片肌脱ぎし緋色の半纏をのぞかせた艶やかな姿は、人々の目を引き付けたことだろう

が見られた。[※4]そして、これらのサービス業や娯楽産業を支えたのが工場労働者を中心とする第二次産業の従事者であったと考えられる。[※5]

人々の消費活動に即して見れば、この時期の鹿沼の中心市街地においては社会階層に応じた遊興行動の二分化が生じていたことが考えられる。すなわち、大店の「旦那衆」や工場の経営者層が高級料理店における芸妓を招聘しての旧来型の遊興を主としていたのに対し、第二次産業従事者はバーやキャバレー等における低廉かつ簡易な遊興を中心としたのではないだろうか。構造的に見れば戦前期における労働者層の遊廓やカフェーでの遊興が新しい業態に移行したに過ぎなかったとも捉えられよう。

復興期から高度成長期の前半にかけて、生産設備の導入や国内需要の増加による販路拡大等によって市内産業は伸長し、それらの発展を担った中小企業の経営者や個人事業者等の贔屓筋に支えられた花街は大正期以来の繁栄を迎えようとしていた。一九五三年の秋祭りで総動員された芸妓衆が商工会議所の花屋台を引いた事実（図32）は、これら商工業関係者と芸妓たちが良好で密接な関係にあったことと市内経済の好況を物語るものといえよう。

※4　要覧『鹿沼』（一九五五年）に掲載された市内事業所一覧によれば、市街地におけるパチンコ店は十五件に及び、内十一件が中田町（田町通り）に位置した。中田町には映画館「鹿沼東宝劇場」もあった。

※5　一九七一年以降の合理化に伴う人員削減まで帝国繊維の女子寮には五百から六百人の女子社員がいた（『鹿沼市史』（地理編）鹿沼市、二〇〇三年、四三三頁）。

3．高度成長期における鹿沼花街（当事者のライフヒストリーから）

高度成長期における鹿沼市の花街や芸妓たちの姿を、直接的に記録する文献資料は少ない。芸妓の労働状況を示す出勤簿や出納簿等の一次資料も多くは散逸している。前章まで依拠した『下野新聞』や『栃木読売』等の地方紙における花街関連の三面記事も昭和三十年代以降、極端に減少する。「三種の神器」と呼ばれたテレビは急激な普及を見せ、カラー化した一九六〇年代中盤までには家庭空間における視聴覚メディアの中心となった。全国民が「東京オリンピック」のテレビ中継に固唾を呑むような文化的状況下において、花街や芸妓に関わるゴシップのニュースバリューが急速に低下したことは言を俟《ま》たないだろう。一方でそれらの身辺ゴシップは、戦後のカストリ雑誌を源流として一九五〇年代頃の週刊誌ブームに乗じた「実話誌」と呼ばれる大衆娯楽雑誌に発表の場を移したことも考えられる。

本節では、高度成長期における鹿沼市内の花街の状況について、当事者の方からお聞きした内容に基づき描出することを試みたい。語り手のライフストーリーを当人の記憶違いや思い込みといったバイアスも含め受け止めることで、統計書や報告書等の文献資料には表れない人々の思いや時代の息遣いを窺い知れるのではないだろうか。その人の目を通して語られる花街の様相や芸妓の姿には、掛け替えのない生きた地域の歴史が反映しているはずである。

図 33　芸妓になった頃の渡邉さん
お座敷に出る際は和装であった

渡邉節子《せつこ》さんは、昭和十八（一九四三）年に生まれ、昭和二三（一九四八）年頃、今市（現・日光市）から鹿沼に移り住んだ。母親は芸妓であり芸名は「秀丸《ひでまる》」といった。子供の頃、母が夜になると化粧をして外出することは認識していたが、どのような仕事をしているか深くは知らなかったという。小学生の頃、同級生から「芸者の子」とはやし立てられることもあったが、訳も分からず「なれるものなら芸者になってみろ」と言い返したこともあった。

渡邉さんが芸妓になることを決めたのは昭和三八（一九六三）年、ちょうど二十歳頃のことであった（図33）。母は「芸者にするために育てたのではない」と拒んだが、決心は固く自ら五年を年季と決めて花柳界に飛び込んだ。その後結局十年にわたり勤め上げて昭和四八（一九七三）年、三十歳のときに辞めた。

渡邉さんが芸妓であった期間は、高度経済成長期にそのまま包含されることが分かるだろう。そのころ市内には松叶、寿々本、吉田家、瓢家といった芸妓置屋があり、中でも瓢家や松叶では常に六、七人の芸妓を抱えていた。瓢家の女将が芸妓組合長であった飯竹連で、抱え芸妓には日本舞踊「若柳流」の名取として「若柳吉鈴衛《きちすずえ》」の名を授かったひょうたんさんもいた。鹿沼芸妓の筆頭株であったひょうたんさんの活躍は、野球チームへの参加や戦時中の大陸慰問等、既述のとおりである。その後飯竹の後を継ぎ最後の芸妓組合長になった。渡邉さんの母も瓢家に属していたが看板分けし自分の置屋を持った。置屋名は「秀瓢《ひでひさご》」として、渡邉さんを含め三、四人の芸妓を抱えた。芸妓は当時でも置屋への住み込みが多く、六畳間に皆で寝ていた。

お座敷には母親（秀丸さん）と一緒に上がることが多かったという。お座敷は「一本」（三十分）を単位とし「一座敷」は一時間半であった。芸妓を呼べる料理店としては、市内では大澤楼が最も大きく、喜楽と並び格式があった。今も営業を続ける鳥長や後に晃望台に移転した花月がそれに続いた。界隈には小料理屋も多く、菊三河・千代田・美よし・福やす・みすじなど挙げれば限りがない。やまと・助六・竹寿司など芸妓だった者が営む店もあった。当時は景気もよく市街地中心部にも活気があり毎晩のようにお座敷が掛かったという。

好景気により税収は増加し昭和四十年代には市の財政規模は急激に上昇した。予算額は四十年度に十億円、四四年度には二十億円を突破し、四六年度から四九年度にかけては毎年十億円ほど増加した。東北自動車道のルート決定に伴い、昭和四一（一九六六）年、鹿沼市は首都圏整備計画における「都市開発区域」に指定され、工業団地の造成や住宅団地の整備が開始される。建設工事の受発注や企業誘致等の動きが活発化する中、花柳界は所謂「接待」の場としても機能することとなる。この頃鹿沼の花街は、第一次世界大戦後の好景気に沸いた大正期に比肩する程の繁栄期を迎えていたといえよう。昭和四二（一九六七）年の秋祭りでは、当番町である仲町が芸妓を二日間にわたり総雇いし手古舞として屋台の前を歩かせた（図34）。町内会にも経済的な余力が十分にあったことを証左している。

図 34　手古舞姿の渡邉さん（左）と母・秀丸さん
（昭和 42 年）当番町の仲町で芸妓を総雇した際の写真だろう。首には「仲町」「当番」と入った手拭いを掛け花笠を背負った

芸妓は夜のお座敷の他、日中は芸事の稽古に励んだ。渡邉さんも清元や長唄、舞踊など芸妓が習得すべき芸事は一通り習ったが「あまり身につかなかった」という。舞踊の流派は各芸妓組合で異なったが、鹿沼芸妓組合は「若柳流」だった。日光から若柳吉兵衛門氏を師匠に迎え、薬王寺前にあった「見番」（芸妓事務所）の二階で稽古を付けてもらった。稽古料は芸妓組合で負担したが各人でさらに稽古を積みたい場合は自腹を切った。当時は芸妓の他に、木工所の社長や医院のお嬢さんも長唄や踊り等を趣味や習い事として嗜んでおり、「浴衣浚い」や「本浚い」等、定期的に成果を披露する発表会が催されていた。発表会は「鹿沼座（戦後は鹿沼映劇）」や「東宝劇場」等を会場として一般に無料で公開される場合もあった。

渡邉さんは昭和四三（一九六八）年に、上都賀地区芸術祭の一環として「鹿沼市産業文化会館」[※6]で開催された若柳流の舞踊大会に出演した。本大会は若柳吉兵衛門氏が鹿沼芸妓組合の舞踊教授として在籍する三十周年を記念したもので、渡邉さんは演目「吉野山」で静御前を演じた。この時だけは普段とは別稽古を付けてもらうため日光の師匠宅に通ったという。稽古料は二五万円ほど掛かり、男役が主で十五万円、女役である渡邉さんは十万円を負担した。稽古代の他に、三味線・大小道具・髪結・化粧等の散り銭（御礼）が莫大に掛かり大変だったという。

ある時、渡邉さんが勤めたお座敷で、当時商工会議所会頭を務めていた高内鉄蔵氏[※7]がこう漏ら

図35　昭和五一年頃の鹿沼の中心市街地
「ジャスコ」や「とりせん」が入る「鹿沼ショッピングセンター」は鹿沼における初の大規模小売店舗であり、「商業中心」を象徴する施設であった。跡地には現在「まちの駅　新・鹿沼宿」が建つ

したという。「こんな仕事（芸妓稼業）もあと十年でなくなるだろう」と。渡邉さんは「こんなに忙しいのに不思議なこと言う」と思ったが、事実一九六〇年〜七〇年にかけて鹿沼市の中心市街地では居住人口の減少が進んでいた。スーパーマーケットや大規模小売店舗等の新たな業態の進出（図35）によって販売業の集積が進み商業地として活性化する一方で、商店主が市街地の店舗に常駐する必要がなくなり「職住分離」が進んだことが、人口減少の一つの原因と考えられる。[※8]

また「工業中心」の郊外への移動も、高度成長期後半に見られた市街地における特徴的な変化であった。昭和四四（一九六九）年には、県の企業地振興計画によって建設が進められていた「鹿沼木材工業団地」が北犬飼地区に完成した。さらに同年、首都圏整備計画を契機として造成工事が進められていた「鹿沼工業団地」が完成し二二の企業誘致が決定された。一九七〇年代には旧鹿沼町域において多くの工場が閉鎖されたが、従来家族経営による零細事業所が多い中、後継者不足や競争力の激化によって廃業に至ったケースも多かったと考えられる。[※9] 帝国繊維では経営合理化により大幅な人員削減が実施され、日本造機工場も市内から移転した。こうして一九五〇年代から高度成長前半までは保たれていた鹿沼市街地における工業都市としての性格は減衰した。

　中心市街地の人口減少が進む一方で一市九村の合併以降、一九六五年まで減少を続けていた市全体の人口は昭和四五（一九七〇）年以降増加に転じた。これには先述した工業団地への企業進出も影響していよう。市の宅地整備計画（昭和三九（一九六四）年）では工業団地周辺や中心市街地が積極的に宅地開発すべきとされ、結果的に工業団地周辺地域への人口急増に繋がった。宅地整備計画と同年に日吉台住宅団地、一九六九年に工業団地企業の社員用住宅地の造成を目的として晃望台団地の工事が開始された。高度成長

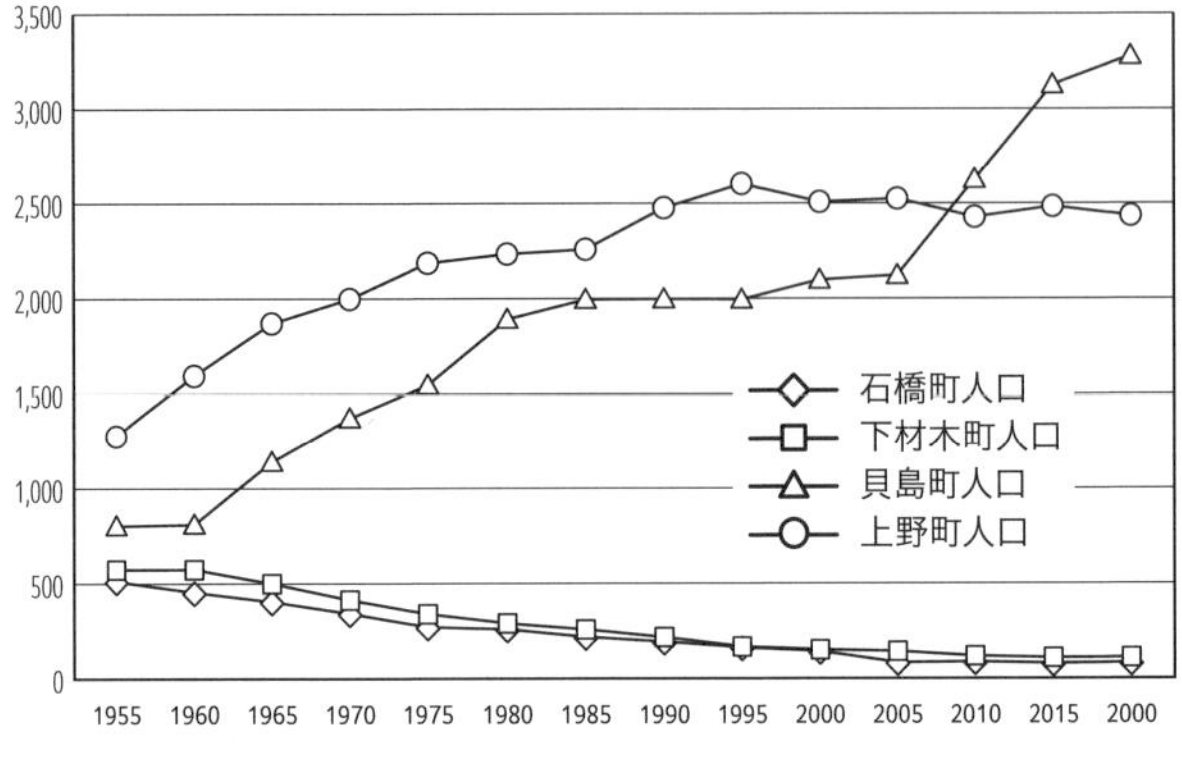

表4　鹿沼市街地の人口推移（「国勢調査報告」「鹿沼市統計書」各年版より作成）市街地中心部（石橋町・下材木町）と外縁部（貝島町・上野町）の人口推移を示す

期以降の鹿沼市域における住宅団地造成は、工業団地への企業進出をきっかけに始まり、市の中心部だけではなく、新たな人口集中地域が複数誕生した。一九七〇年以降の人口増加に加えてモータリゼーションの進展や市内道路網の整備により人口の分散が進み、市中心部への求心力は低下した（表4）。

高内氏は経営者としての先見からこうした時代の趨勢を感じ取り、街の将来を予見することができたのであろう。この頃には芸事の修練を積まずお酌をするだけの芸妓も増えたが、アルバイト感覚ですぐに辞める者が多かった。そのため渡邉さんはいつまでたっても若手のままだったという。序章で触れたスナック長屋が花街の中心部に建ったのもこの頃のことだ。宴会の盛り上げ役は芸妓からホステスに、歌の伴奏は三味線ではなく新興のカラオケに移りつつあった。

高度成長期における人々の遊興行動の変化や多様化もまた、直接、間接的に花街の衰退に影響した可能性は否めない。一九七〇年代以降、「ディスカバー・ジャパン」に代表されるレジャーブームが国内を席巻し、昭和五十年代以降、遊客の多くは日光や鬼怒川温泉等の行楽地に流れたという。

また新規のレジャーとしてはゴルフが挙げられよう。鹿沼のゴルフ場は一九六四年にオープンした「鹿沼カントリー倶楽部」を嚆矢《こうし》とするが、高度成長期におけるゴルフ場建設ブームに乗り昭和五十（一九七五）年には市内に六つのゴルフ場がオープンした。東北自動車道の整備、鹿沼

インターチェンジの設置（昭和四七（一九七二）年）に伴い入場者は軒並み増加した。[※10]

こうした中、最後まで花柳界を支えたのは、中心市街地に残った商店主や事業者だったと考えられる。高度経済成長が終焉を迎え、彼らが高齢化しその後継者世代が郊外や他地域に転出していったとき、鹿沼の花街は潰えたのだろう。芸妓組合がいつまで機能したのか、お座敷がいつまであったのか、三味の音が路地に響いたのはいつまでのことか、明確なことは分からない。人々の関心が他に向かう一方で芸妓たちの立ち居振る舞いが町の風景に溶け込み過ぎていたことが、寧ろその衰退を目立たないものにしたのではないだろうか。「いつの間にか消えていた」と花街を記憶する人たちは口を揃えるが、それが実感であり最も事実に近いのだろう。ひょうたんさんは芸妓組合の解散後、しばらくは三味線を携えて縁戚である料理店の手伝いに行くことがあったという。

かつて「旦那制度」と呼ばれたような、パトロンとなった旦那が一人の芸妓に対して経済的援助を行う関係性があったことは確かである。しかし「旦那衆」たちは芸妓たちを酒や遊興の相手としただけではなかった。清元や長唄等の芸事では互いに切磋琢磨し合う関係であり、芸妓を交えて句会が催されることもあった。[※11] そして何より鹿沼においては野球を通じた両者の交流があった。花街の消滅は、旦那衆と芸妓衆によって育まれたこうした文化的基盤が失われたことをも意味していよう。

※6 鹿沼市産業文化会館は昭和三五（一九六〇）年に開館し、品評会や講演会等の他、舞踊等の温習会にも利用された。鹿沼市民文化センターの開館により平成四（一九九二）年に取り壊された。

※7 サノヤ産業会長。栃木県建設業協会長等を歴任した他、邦楽にも通じ「清元寿慶」を名乗った。

※8 前掲『鹿沼市史』（地理編）四三一頁。

※9 前掲『鹿沼市史』（地理編）四三四頁、五四五頁。

※10 前掲『鹿沼市史』（地理編）七二四頁。

※11 橋田一黄『句文集　光陰』一九八三年、二二七頁。「一黄」は橋田長一郎の俳号。

一九八〇年代以降、モータリゼーションの進展等により鹿沼市における「商業中心」の拡散はさらに進んだ。大型小売店の郊外への進出によって中心市街地の求心力はさらに低下し、街中では駐車場や空き地、空き店舗が増加した。そうした中、平成五（一九九三）年「中心市街地活性化計画」、平成七（一九九五）年「鹿沼市特定商業集積整備基本計画」による中心市街地の活性化事業が開始された。

計画において、花街のあった石橋町や下材木町を含む「中心市街地」が設定され、区画整理や道路拡幅、公共施設整備等の各種事業が進められた。二〇〇六年、「下横町周辺土地区画整理事業」の完成によって街中に均一的でスマートな都市空間が現出し、生活や交通の利便性は格段に向上した。

計画では一貫して、中心市街地における商業中心や文化拠点としての歴史的背景に立脚した都市整備が推進されたが、その一方で路地裏に営まれたミニマムなコミュニティ空間としての重要性は考慮されたのだろうか。長い時間をかけて育まれ町裏に堆積したこうした歴史の層は有形の文化的遺物とは異なり不可視である故に、それをどのように保存し継承していくかは大変難しい問題である。

鹿沼市の人口は平成二二（二〇一〇）年をピークとして減少に転じ、二〇四〇年には約三十パーセントの人口減少が見込まれている。本格的な人口減少社会の到来を目前に「コンパクトシティ・プラス・ネットワーク」という新しい街の在り方が提唱される中、令和三（二〇二一）年に持続可能なまちづくりを目指し「鹿沼市立地適正化計画」が策定された。かつて盛況を誇った「銀座通り」から「末広通り」にかけてのエリアでは若手オーナーによる新規開店が相次ぐなど活性化に向けた明るい兆しも見え始めている。

椿森稲荷神社（鹿沼市下田町二丁目）

補章 鹿沼町遊廓の成立から消滅まで

鹿沼市下田町二丁目に椿森稲荷神社がある。敷地内に立つ「遷座記念碑」（図36）は、中田町・菊池平内の屋敷内に慶応三（一八六七）年に創建された同社が、遊廓ができた際に移設されたことを記念して明治四三（一九一〇）年に建立されたものである。記念碑の裏側には移設の際の寄付者名が列記されており、その中に「金二十円　各楼内働一同　燈籠　見番　手洗石　藝妓　中」とある。金二十円を寄付した「楼」とは「貸座敷」のことであり、この地に遊廓があったことを窺い知る縁《よすが》ともなっている。稲荷は遊廓の南東に位置する場所にあり、戦後現在の位置（青木医院隣り）に移設されたという。

補章では、「新地」または「五軒町」と呼ばれた鹿沼町遊廓の成立から消滅までの歴史について概観する。既述のとおり、鹿沼町遊廓の成立は、宿場町を基礎とする明治維新以降の経済的発展と栃木県が進めた遊廓設置の動きの必然的な帰結であった。花街と遊廓、双方の空間形態や成立の背景を比較検討することで、異なる遊興空間が必要とされ併存し得た理由の一端が捕捉できるのではないだろうか。

図36　椿森稲荷神社内「遷座記念碑」裏面

1．鹿沼町の発展と公娼制度の影響

鹿沼における遊廓の成立については、江戸時代以来の宿場町から商工業都市への発達過程という都市形成史と、国内における近代公娼制度の確立という法制史の両面から捉えていく必要がある。

まず、前者についてだが、鹿沼宿は江戸時代前期に、喜沢から壬生・鹿沼を通り今市に至る日光道中壬生通りに成立した。日光への参詣路として古くから利用されていた壬生通りは江戸時代に入り将軍の日光社参の際のルートとしてより重要視されるに至り、鹿沼宿は、江戸時代の中後期にかけて隆盛を誇ることになる。宿場には給仕の他に性売行為を行う飯盛女（食売女、宿場女郎）を置く旅籠もあり、鹿沼宿にもあった同様の旅籠が、近代以降の遊廓成立の淵源の一つになったことが考えられる。

後者の「公娼制度」については、国家などの公的機関が性売及びその集団営業（集娼）を許可することを言う。そしてその許可地を「遊廓」といった。江戸時代には新吉原（江戸）や島原（京都）のような遊女屋を一箇所に集めた幕府公認の遊廓があったが、岡場所や飯盛女など非公認の性売も広く行われ、比較的緩やかな管理体制の下にあった。集娼が殖産政策や公衆衛生と深く結びついた制度として確立を見るのは明治時代になってからのことである。明治五（一八七二）年十月、政府は「芸娼妓解放令」（太政官布告第二九五号）を発し、年季奉公の名目で行われてきた人身売買を禁止したが、発令の背後には、世界的な人身売買や奴隷制度撤廃の潮流の強まりがあった。さらに翌年東京府では「貸座敷渡世規則」「娼妓規則」が布達され、以後、貸座敷の統制や徴税は地方に委任され各府県の警察の管理下に置かれることとなった。栃木県でも遅滞なく「娼妓芸妓渡世規則」が発されている。ここに至り、抱え主が金銭で購入した婦女に性売を強制する営業行為が否定され、遊女は自らの意思で性売を行う「娼妓」に、遊女屋は性売の場所を有償で提供する「貸座敷」と改められた。しかしそれらは建て前でしかなく、多くの娼妓たちが自ら負った前借金を完済する道は遠く、娼妓の取り分は楼主の半分以下という実質的な人身拘束状態が継続されたに等しかった。併せて同年の「娼妓黴毒検査法」（内務省令達乙第四五号）により貸座敷指定地における検梅（性病検査）を制度化し公衆衛生を徹底することによって、近代国家に「相応しい」公娼制度の確立が急がれた。

小野沢あかねは、近代遊廓を発生原因別に次のように分類している。[※1] ①近世の遊廓地②近世から飯盛女を置いた宿場町③居留地④近代以降の産業発展交通要衝地⑤軍隊駐屯地⑥植民地都市。

※1『性差の日本史』国立歴史民俗博物館、二〇二〇年、二〇八頁。

鹿沼町の場合は②に該当するであろう。ただし、街道沿いに散在する飯盛女を置いた旅籠が明治維新後に貸座敷に移行することはあったとしても、まだそれらがある意図を以て限定的な一つの場所に集められた「遊廓」を形成するには至っていない。

鹿沼では、明治六（一八七三）年の大区小区制を経て、明治二二（一八八九）年の町村制施行により市域が鹿沼町をはじめ一町十三村に再編成された。さらに明治二十年代から三十年代にかけて鹿沼町は商工業都市としての発展が著しく、本陣のあった石橋町から下材木町にかけての一帯には、商工業者と軒を連ねるように料理店や旅館、さらに小林楼・柏木楼・新藤楼等の貸座敷が立ち並び、歓楽街的な性格を増幅していったと考えられる。

その後市街地から貸座敷が分離され遊廓が形成される過程については、第二章で述べたとおりであるため繰り返さない。栃木県においては、明治三二（一八九九）年九月に発令された「遊廓設置規程」（栃木県令第六〇号）に基づき県内各地で遊廓の整備が推し進められた。鹿沼町における遊廓指定地は当初「上都賀郡鹿沼町大字西鹿沼字一丁田」とされたが、その後風紀上の理由から「字後宿」に改められた。

さらに、明治三三（一九〇〇）年十月には、「娼妓取締規則」（内務省令第四四号）が国によって発令された。これは、各地方で不統一だった娼妓取締のルールを改めて国が総括する規定として出されたもので、娼妓の自由廃業について明文化されたことを含め、日本の公娼制度を画することとなった。主な内容としては、娼妓の年齢を従来の十六歳以上から十八歳以上とし（第一条）、娼妓名簿への登録制としたこと（第二条）。また、居住の制限（第七条）、検梅実施（第九条）が明確に制度化されたことが挙げられる。さらに第五条で、先にも触れた通り「自由廃業」の手続きが明文化され、娼妓が自らの意思で稼業を辞めることを雇い主は前借金を理由に拒んではならないとされた。この間の鹿沼の状況について概観してみよう。

自由廃業の声は秋のそよ風と共に各地に吹き渉り貸座敷の寂寥を極めつつあるが中に鹿沼町貸座敷の如きは一掃に淋しさを感じ楼主等は何れも青息吐息の姿にて中には今の内正業に就かんこそ得策ならめ抔とて親戚と協議中なるもありそれに引換へ娼妓等は此機に乗じて馴染客と相談づくにて親許より前借金切捨の談判に及び楼主がこれに応ぜざれば自暴酒を煽って腐貞寝する抔手も附けられぬ我儘を極めてゐるようになりしとは…

（『下野新聞』明治三三年十月十一日）

とあり、鹿沼にも自由廃業の流行が波及していたことが窺える。統計書を見ても一八九九年から明治三四（一九〇一）年にかけて娼妓数の減少が目立ち、貸座敷の数も明治三九（一九〇六）年までには、齋藤楼と東楼が廃業し、最終的に五軒まで淘汰されていったことがわかる（表5・6）。

表5　鹿沼町における貸座敷及び娼妓数の推移
（『栃木県警察統計表』各年版より作成）

年	貸座敷	娼妓
明治 24 年	11	39
明治 25 年	10	43
明治 26 年	9	48
明治 27 年	8	41
明治 28 年	7	45
明治 29 年	7	44
明治 30 年	7	47
明治 31 年	7	54
明治 32 年	7	58
明治 33 年	7	41
明治 34 年	7	32
明治 35 年	7	33
明治 36 年	6	35
明治 37 年	6	24
明治 38 年	5	24

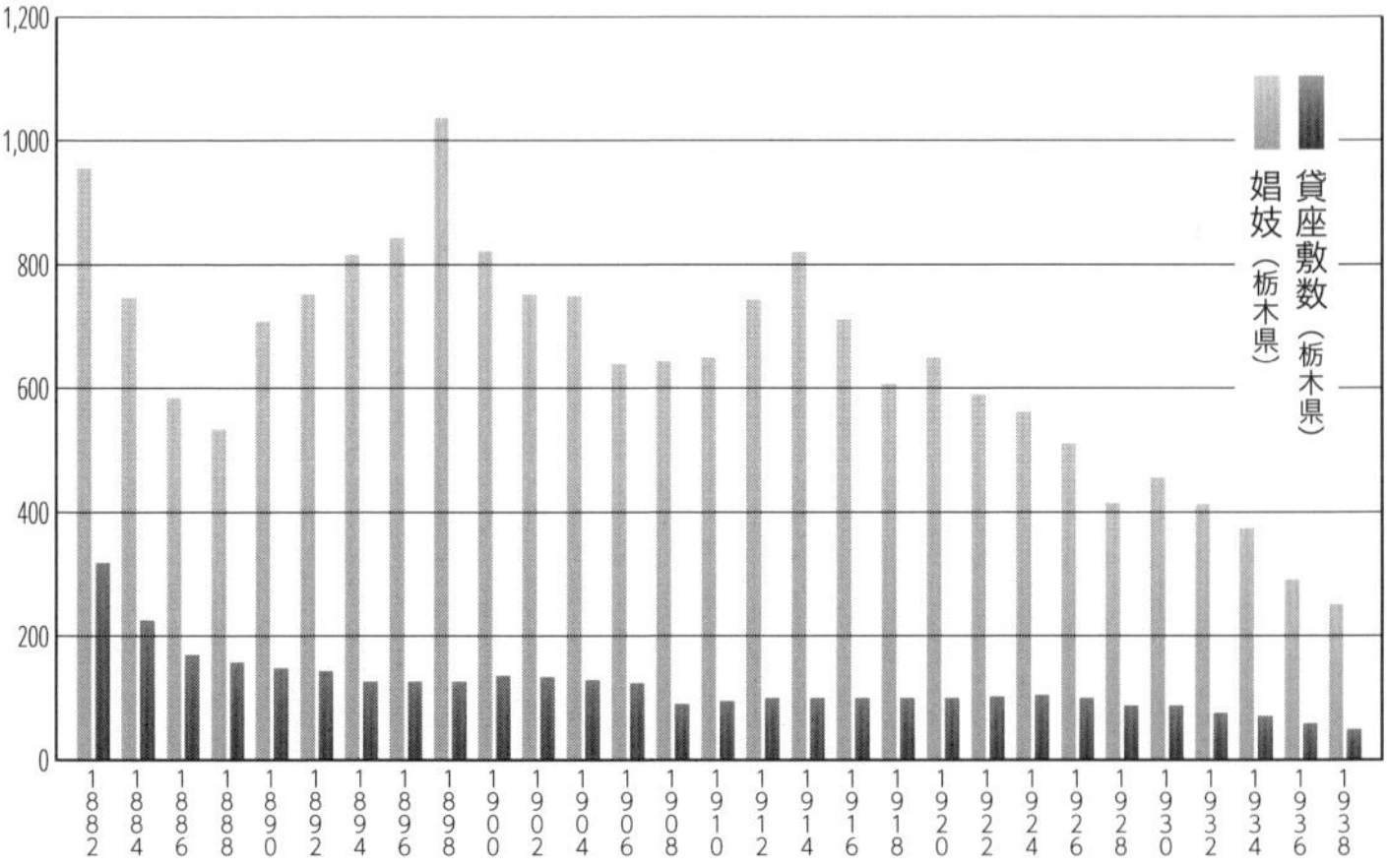

表6　栃木県における貸座敷及び娼妓数の推移
（『栃木県警察統計表』『栃木県統計書』『警察統計報告』各年版より作成）

こうした自由廃業の動向もしかし、明治三五（一九〇二）年、大審院において娼妓が負う債務である前借金は有効とする判決が下されて以降、大きく後退することとなる。娼妓を辞めても借金は帳消しにされず苦界に舞い戻る女性も多くあった。

2. 鹿沼町遊廓「五軒町」の成立

日清戦争から日露戦争に至るこの間、鹿沼町においては明治二五（一八九二）年には人口が一万人を越え、それに伴う行政事務の増大や町税未納、塵芥処理など都市化に由来する様々な問題に直面していたが、明治三七（一九〇四）年三月に猪野春吉が町長に就任し町政の刷新に臨むこととなった。

さて、「遊廓設置規程」において遊廓の設置期限は当初一九〇四年とされたが、様々な問題が影響し明治四一（一九〇八）年三月三十一日まで延長された。鹿沼町において遊廓が整備され、石橋町の竹澤楼・清水楼・柏木楼・小林楼、下材木町の新藤楼の五件の貸座敷が移転を完了したのは一九〇八年三月末のことであった。ほぼ同時期に県内各地（一月に石橋、二月に福居・足尾、三月に烏山・大田原）で遊廓への移転が完了し開業している。

柏木楼の主人が鹿沼初の国会議員である高橋元四郎《もとしろう》（図37）であり、また清水楼の主人が昭和十（一九三五）年から昭和十四（一九三九）年にかけて鹿沼町長を務めた清水一郎であったことからも分かるように、貸座敷の経営者は概して土地の有力者であり、その潤沢な資金を以て遊廓の整備費用に充てることができたと考えられる。また、このような富裕な楼主に向けられたであろう大衆の忌避と畏怖が入り混じった眼差しは、公許でありながら疎外されるという遊廓の有する両義性にも繋がるものだったのではないだろうか。

図 37　高橋元四郎
（写真は『かぬま 郷土史散歩』より転載）明治 7（1874）年、西方村（現・栃木市）に生まれ、縁あって柏木楼・高橋家の養子となる。25 歳で鹿沼町会議員となり、明治 40（1907）年に栃木県会議員に当選。大正 13（1924）年に衆議院議員に当選し、昭和 2（1927）年には民政党の県支部長を務めた。昭和 8（1933）年没

遊廓が造成された後宿は、田町通りからは東に一五〇メートル以上離れた場所である。中世においては鹿沼城主であった壬生氏の城下町として黒川西岸に栄えたが、近世以降町の中心部が西へ移動したことにより、明治期には一面茶畑が広がるような辺鄙な場所であった。遊廓への進入路は、田町通りの古物商・冨士川政十郎方（現在はそば店）の南側から当時の下横町通りを東へ延伸する形で新設された。そもそも「遊廓」とは、公許の遊女屋を集め、周囲を塀や堀などで囲った区画のことであり、方形の区画に正面入口である大門から真っ直ぐに伸びた幅広い大門通りとそれに直行する横道という新吉原に端を発する形態が近代以降に新設される遊廓においても規範となった。大門や、「遊廓設置規程」で定められた五間幅（約九メートル）であったであろう大門通り、そして塀で囲まれた一〇〇メートル四方の方形を為す鹿沼町遊廓は新吉原マナーに忠実な、さながらそのミニチュア版といった空間構造を有していたであろう。廓内中央には「見返り柳」まであったという。[※2]さらに遊廓内には、椿森稲荷の他、北東隅に大鳥神社が建てられ、楼主や娼妓たちの信仰を集めた。また、廓の東側に沿って今も流れる木島用水は、娼妓の逃亡を抑制する効果を有したのではないだろうか。廓内には貸座敷の他に台屋（仕出し）、車屋（人力車）、タバコ屋、さらに巡査の詰所があった。[※3]

また、遊廓の景観を伝えるビジュアルな資料としては、大正期の鹿沼町を、現・ＪＲ鹿沼駅周

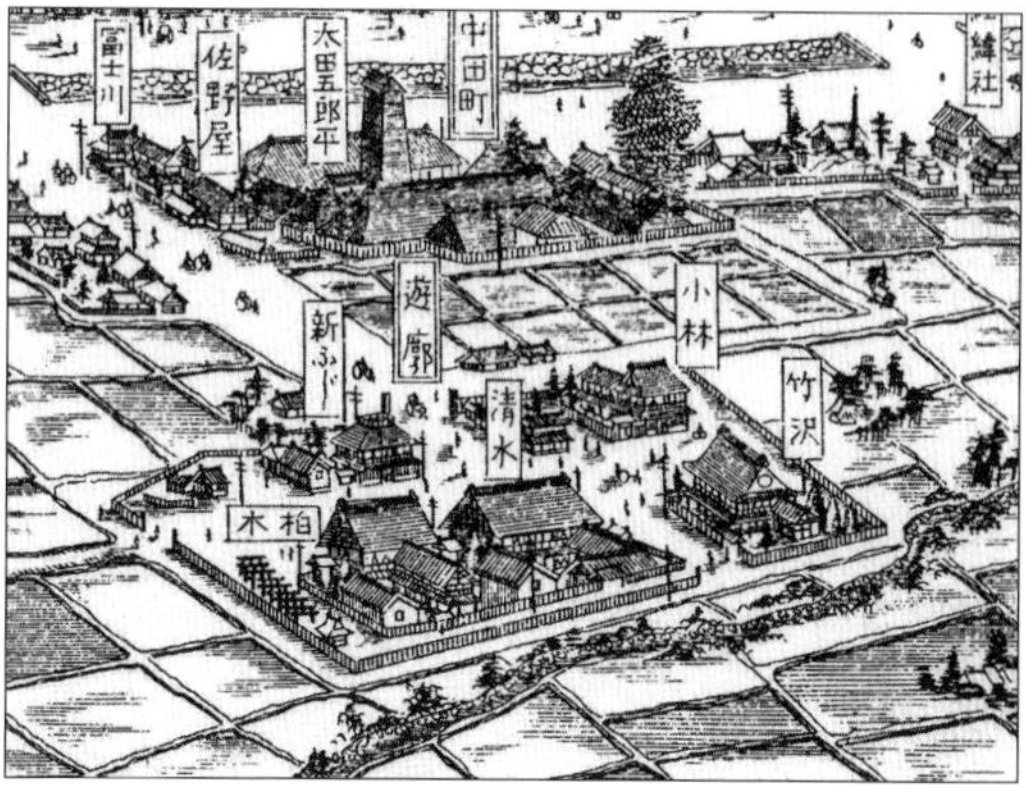

図 38　鹿沼町遊廓

（『鹿沼町実景』大正9 (1920)、鹿沼市史叢書 10『鹿沼の絵図・地図』付録より転載）五軒町を写した写真は未だ発見されていないため、その外観を知る貴重な資料となっている

辺から鳥瞰的に描いた松井天山『鹿沼町実景』（大正九（一九二〇）年）が挙げられる。絵図の特性上、幾分デフォルメされているが、当時の町の様子を十分に伺い知ることができる。黒川の両岸に立ち並ぶ帝国製麻や日本麻糸の工場や、鳥居跡から分岐した内町通りと田町通り沿いに軒を連ねる商工業者等多くの建築物が描かれている他、遊廓については、大門や五軒の貸座敷、加えて鳥居が立ち並ぶ稲荷神社までもが確認できる（図38）。

絵図の描写は、町における遊廓の位置関係を広域的に把握することを可能にしているが、田んぼに忽然と現れ、夜更けまで煌々とした灯りの絶えない遊廓は、人々に如何なる感情を掻き立てたであろうか。火災防止のため廓内には早くから電気が通っていたと考えられるが、現在も当地に並び立つ「新地」のプレート表示を有する電柱（図39）は、絵図にも描かれた廓内の電柱を引き継ぐものであろうか。

図 39 「新地幹」電柱
（鹿沼市下田町二丁目）
現地調査（2021 年）において同地に 17 本の「新地幹」が確認できた

鹿沼町遊廓は、新しく造成された土地の意で一般的に遊廓のことを指す「新地」と呼ばれたが、いつしか「五軒町」を名乗るようになる。五軒の貸座敷があったことに由来するこの町名の決定が、いつどのような経緯を経てなされたのかは判然としないが、当時の鹿沼の各町が町村制における位置付けのない「町ごとのまとまりを維持した住民組織[※4]」形態として存在していたことを考え合わせると、廓内において、楼同士の結束を核としたコミュニティが比較的早い段階で形成されていったことが想像される。日本国内には同じく「五軒町」という地名が複数（那須塩原市・水戸市等）確認できるが、いずれも、町の創設当初において武家屋敷等の建物が集合したことがその由来となっている。鹿沼の「五軒町」においては、当時でさえ忌避の対象であった遊廓の存在を敢えて誇示するかの如く町名に冠したことに、その特異性が現れているのではないだろうか。遊廓が成立したことにより、「女郎買い」は五軒町、「芸妓遊び」は花街（石橋町・下材木町）という区別がなされたと思われるが、事実としては、五軒町の貸座敷に芸妓を揚げて遊ぶなど、双方に緩やかな通交が残された。

※2 加藤晴美『遊廓と地域社会』清文堂、二〇二一年、一九五頁〜二〇〇頁。加藤は近代遊廓の空間構造が新吉原を規範としその「簡略型」であったことを指摘している。また、近代遊廓の特徴として、囲い込みに当たって河川や斜面地などの地形的条件を有効活用したことにも触れており、五軒町遊廓においては木島用水が該当するだろう。

※3 柳田芳男『かぬま 郷土史散歩』晃南印刷、一九九一年、二四三頁。

※4『鹿沼市史』(通史編近現代) 鹿沼市、二〇〇六年、一七六頁。

3.「五軒町」遊廓の実態

貸座敷は、登楼した男性客の住所・氏名・年齢・職業は元より人相や消費金額までを記録する「遊客名簿」の作成が義務付けられていた。

遊客名簿を基礎資料とした横田冬彦の研究[※5]によれば、一九一〇〜一九二〇年代にかけて都市部を中心に「大衆買春社会」とも言うべき状況が到来したという。大尽遊びであった女郎買いが一般大衆の月給の範囲で可能な日常行為となってきたことを示している。

大正三(一九一四)年に始まった第一次世界大戦は、軍需品としての需要の増大から製麻工業が伸長し、地方都市・鹿沼においても好況を生んだ。時ならぬ好景気は労働者たちの賃金収入の増加に繋がり、地方にも波及した買春の大衆化に拍車をかけたことは想像に難くない。五軒町遊廓が一番栄えたのは大正期、関東大震災前のことであったという。[※6]『全国遊廓案内』(日本遊覧社、昭和五年)によれば、鹿沼町遊廓の玉代は部屋代込で二円二十銭とあり、同時期における大工の手間賃が二・五円[※7]であることから、「その日の稼ぎで遊びに行く」という感覚が理解し易いのかもしれない。表7に当時の『下野新聞』に掲載された鹿沼町遊廓における主な事件事故の記事を一覧化した。鹿沼町遊廓の遊客名簿は現存が確認されていないが、記事に登場する遊客の多くが職人や商店の使用人等の労働者層であることから、横田のいう買春の大衆化を読み取ることができるだろう。一方、大店の主人ら「旦那衆」は花街で芸妓と遊ぶことを主としており、遊興行動において社会階層による二分化が進んでいたと考えられる。

対して、これら遊客の相手を務める娼妓たちの生活実態はどのようなものだったのだろうか。娼妓自身が自らの稼業について綴ったいわゆる、「当事者文学」として、和田芳子『遊女物語』や、森光子『光明に芽ぐむ日』等が知られているが、娼妓が自らの来歴を語り残した事例は決して多くはない。五軒町の娼妓が客に宛てた再来を乞う手紙が残されていると仄聞《そくぶん》するが未見であり、地方の一小遊廓であった鹿沼町におけるそれら娼妓の「声」に関する記録は皆無に等しい。ここ

記事掲載年月日	記事内容
明治42年3月26日	「清水楼」に登楼した足尾銅山の鉱夫(23歳)が同衾中の娼妓(19歳)と共にダイナマイトを用いて情死。ダイナマイトは鉱山より持ち出したものと判明。
大正4年2月17日	久保町綿屋の雇人が15日、「新藤楼」に登楼。翌午前3時頃帰宅するも、自転車で引き返し再び登楼したが大門前で転倒し人事不省となる。
大正4年8月10日	御成橋町の無職男性が「竹澤楼」に登楼した際、娼妓の帯一本を窃取したことが発覚し6日鹿沼署員に取り押さえられる。
大正7年8月8日	上材木町の古物商男が「竹澤楼」・「柏木楼」の娼妓の元に通い浪費したのを不審視した鹿沼署刑事が内探。詐欺横領が判明し鹿沼署に引致し取調べ。
大正8年2月16日	「新藤楼」の娼妓(23歳)が板荷村の男と夫婦気取りで外出した廉により警察署に呼び出され、3円の科料に処される。
大正10年9月20日	「柏木楼」で芸妓4名を揚げ豪遊した男が未明に逃走しようとしたところを廓内取締巡査が捕縛。各所で窃盗を働き前科6犯と判明。
大正11年3月18日	17日、「竹澤楼」二階で娼妓(24歳)と馴染みの登楼客(中田町、24歳)が劇薬を飲み情死を企図。同楼女中が発見し急報、警察が取調べ。
大正12年7月20日	板荷村の農業男性が、「清水楼」に登楼したが金がないため物品を預けた。後日金を持参し物品と引き換えるに見せかけて、物品を奪い金も払わず逃亡。追いかけた番頭を殴打し巡査に取り押さえられる。
昭和2年2月13日	足利市の自転車販売業の男が囲い料理屋を開業させていた女が「竹澤楼」を脱走した娼妓(21歳、埼玉県出身)であることが判明。女は楼主に引き渡された。
昭和4年8月25日	小林楼の娼妓3名がチフスと診断され隔離。娼妓全員の健康診断及び予防注射を行った。
昭和4年11月25日	五軒町を根城に不良連中が通行人に恐喝暴行を加えることが常習化。署でこれら不良の一掃に努めている折、下府所町の鳶職の男が23日「小林楼」で暴行、警邏中の巡査が取押え検束。
昭和5年8月31日	五軒町で男性２人(無職)が口論の末、短刀を持ち格闘、1名が負傷。仲間が仕返しのため結集中との情報あり。
昭和5年9月10日	五軒町内の盆踊り中に乱闘あり。負傷者が出たことにより、鹿沼署は盆踊りの中止を命じたうえで加害者を捜索中。
昭和5年9月18日	府所町の男(無職)が泥酔し「竹澤楼」に土足で登楼。娼妓の態度が気に食わぬとガラス戸を打ち破るなど乱暴し鹿沼署員に検束。
昭和6年2月19日	旧晦日に「竹澤楼」で18円相当を遊興した下田町の男(箒職人)と落合村の男(農業)が娼妓の態度が気に障り乱暴。鹿沼署に検束され勾留。
昭和6年8月26日	「清水楼」に毎夜登楼していた男を鹿沼署が取調べたところ、主家の反物を行商して売り捌いた代金を横領し豪遊していたことが判明。
昭和6年10月20日	「竹澤楼」の娼妓(30歳)が登楼した馴染客と駆落ちしたため、抱え主が捜索願。
昭和6年11月24日	22日夜、日光線鹿沼駅下り線路で巡査男性と「新藤楼」の娼妓(22歳、山形出身)が飛び込み心中。
昭和7年7月30日	「新藤楼」で遊興する青年(無職)を鹿沼署で取調べたところ、西大芦村で茶を詐取して替えた金で遊興していたことが判明。余罪あり。
昭和7年10月21日	菊沢村の男が盗んだ自転車を北押原村の自転車店に売却し鹿沼町遊廓で費消。発覚し鹿沼署に検挙。
昭和10年8月12日	学生姿に身を扮し良家の子弟を装った男が、詐取した代金で五軒町遊廓で豪遊していたのが判明し、鹿沼署で取り調べ中。
昭和12年5月20日	五軒町内の支那料理店の2階で、福島県出身の出前持ちの男が服薬し自殺。天涯孤独の身を悲観したか。
昭和13年6月10日	「小林楼」の娼妓(22歳、福島県出身)が登楼客と蕎麦を食べに外出したまま行方不明に。楼主が捜索願。
昭和13年7月8日	「小林楼」で豪遊していた芳賀郡の男(無職)を不審視した鹿沼署が取り調べたところ詐欺や横領の前科犯と判明。
昭和13年12月9日	五軒町遊廓にて古賀志村の男(木挽業)が東大芦村の男(農業)の顔面を殴打し鹿沼署に検挙された。
昭和16年4月29日	岡山県の男が登楼した「清水楼」の娼妓を誘拐。逃避先の福島平にて検束。

表７　五軒町における事件事故の記事一覧(『下野新聞』掲載記事より作成)

では公的な記録を追ってみたい。
関連規則やデータ類をまとめた『公娼と私娼』（内務省警保局、一九三一年）からは、県別における娼妓の実態を多少なりとも把握することができる。例えば、栃木県における娼妓の休暇は月一日または無休とされ、過酷な労働実態が明らかであるが、利益配分や福利厚生の充実といった面では明治維新期に比べれば待遇改善がなされていたことも読み取れる。また、公娼制度の柱とも呼べる検梅（性病検査）についても触れておきたい。『栃木県警察史・上』によれば、「娼妓健康診断規則」（一九〇〇年）によって毎週一回または臨時の性病検査が娼妓には課せられ、所轄警察署の健康診断書なしには稼業できないとされた。鹿沼町遊廓では、台屋の二階に「鹿沼娼妓治療所」が設置され、今市の遊廓も所管した。

過酷な労働と屈辱的な性病検査、そして遊廓からの外出禁止。公娼制度とは娼妓たちの人権を無視し蔑ろにする「国家がつくりあげた極めて巧妙な隔離政策」[※8]であった。

五軒町には大門を入った所に桜が十数本植えられた広場があり、そこで行われる盆踊りがいつしか恒例行事となっていた。その日には木島用水を堰き止めて魚獲りに興じたといわれている。夏の短夜の浮かれ騒ぎに娼妓たちは一時の安らぎを覚えることもあったのだろうか。

◇鹿沼の盆踊

上都賀郡鹿沼町字五軒町の楼主等は不景気挽回策として同遊廓内の中央に旧盆十四日より三日間其の筋の許可を得て三間四面の櫓を設け毎夜午後八時より正十二時迄盆踊開催の処兎角雨天勝ちにて日延となり去る十三日夜最終の催しとして芸娼妓連の総踊を為したれば納涼旁々殆んど町内及近在より人出多く一時は意外の雑踏を極め警察署よりは内藤部長外巡査四五名出張して取締に従事し踊子は何れも花笠を被り男女想い想いに服装して手振面白く踊り狂いたるが十二時過ぎよりは芸妓一同及娼妓達も多数入り乱れて大仕掛の踊りとなり実に未曾有の盛況なりしと

（『下野新聞』明治四四年八月十六日）

※5　横田冬彦「「遊客名簿」と統計―大衆買春社会の成立」（『「慰安婦」問題を／から考える』、岩波書店、二〇一四年）。
※6　柳田前掲書、二四五頁。
※7　『物価の世相１００年』読売新聞社、一九八二年
※8　藤野豊『性の国家管理』不二出版、二〇〇一年、一〇頁。

4. 公娼制度の臨界点

大正十（一九二一）年、国際連盟において「婦人及児童の売買禁止に関する国際条約」が調印され、成年年齢は二一歳以上とされた。日本も国際協調の波には抗し切れず「娼妓取締規則」の一八歳以上という年齢規定は留保したまま大正十四（一九二五）年に条約に批准、昭和二（一九二七）年には年齢留保も撤廃した。一九三〇年には、国連の東洋婦女売買調査団が訪日し性売買に関する勧告を実施している。また、大正デモクラシーと相まって盛り上がりを見せていた廃娼運動は、「廓清会婦人矯風会連合」が各県への廃娼実施請願を開始するなどし、一九三〇年〜昭和十八（一九四三）年までに一四県で廃娼が実施された。なお栃木県では廃娼は実施されなかった。さらに各地の遊廓では自由廃業や娼妓らによるストライキが続発するなど、公娼制度が大きく揺らぎ始めていた。帝国議会においても公娼制の制限や廃止に関する建議が相次ぎ、支持母体に貸座敷業者を含むこともあってか廃娼実施に及び腰だった政府においても、昭和八（一九三三）年、『取締規則』における娼妓の外出制限を撤廃するなど、公娼廃止に傾き始めていた。

無論、公娼制度廃止の動きが売買春自体の後退を示すものではなく、内務省警保局の意図したところが「公認制度をやめるが、絶娼制度はとらず、看板を書き換え、「売淫行為」を非合法とし、黙認制度を採用するというものだった」[※9]とあるように、娼妓を「酌婦」、貸座敷を「料理店」とするような対外的な看板のすげ替え、乃ち公娼の準私娼化に他ならなかった。「私娼」とは、娼妓の鑑札を有しない芸妓、酌婦、女給、ダンサー等が非合法的に売春を行うもので、私娼を抱える雇主は飲食店を正業とし、多くは黙認されていたが、特に大正十二（一九二三）年の関東大震災以降は、カフェーやバー等での買春が、古めかしい遊廓に代わる新しい遊興として流行し始めていた。

鹿沼町においても、昭和初期にかけて私娼が台頭していたことが、秘密売春（密売淫）を行った酌婦の拘留や、料理店への科料等を伝える『下野新聞』の記事からも窺える。黙認された私娼行為も性病予防等の観点から臨検によって取り締まることがあったのだ。鹿沼町においては、これら料理店やカフェー、バーが、鳥居跡町や文化橋町など、五軒町（遊廓）や石橋町・下材木町（花街）の周辺に点在していたが、私娼エリアが公娼エリアを囲繞するように形成されるという一つの傾向が見えてくるだろう。しかし、政府の目指した公娼廃止の動きも戦争の激化により結局立

※9 吉見義明『買春する帝国』岩波書店、二〇一九年、一六八頁。

ち消えとなった。

昭和十二（一九三七）年に日中戦争が勃発し、翌年の国家総動員法成立以降、国内における総力戦体制が築かれていく中、貸座敷遊客数及び娼妓や酌婦の数が減少に転じていく。栃木県においては、昭和十五（一九四〇）年から警察の指導によって歓楽街の自粛が始まり、カフェー等飲食店における華美な装飾の廃止や、芸妓や貸座敷の営業時間の短縮が実施されることとなった。昭和十六（一九四一）年のアジア太平洋戦争の開戦以降は、料理店やカフェー、芸妓置屋等の工員宿舎や旅館への転換が進められていった。

昭和十九（一九四四）年三月、国は「高級享楽停止に関する要綱」を出し、芸妓や待合等を「高級享楽」として停止したが、ここにおいても遊廓は廃止されなかった。

栃木県内各地の遊廓は、カフェー等新興の遊興の圧迫や廃娼論が高まる中、開戦以前から娼妓数は減少傾向にあり衰退していたと考えられるが、享楽面の粛正、徴兵による若年層の流出等がこの傾向に拍車をかけたことは間違いないであろう。鹿沼町遊廓は、「高級享楽停止要綱」が施行される前年の一九四三年に、遂に解体した。「慰安所」ではなく傷病者の療養施設としての転換が決まったからである。

5. 遊廓が消えた後で　戦後そして現代へ

一九四三年、鹿沼町は、遊廓内の五楼を二八万円で強制的に買上げ、これを日本医療団・栃木県支部が購入改修の上、一九四四年九月二十六日に「鹿沼奨健寮《しょうけんりょう》」として開所した。※10 日本医療団は、昭和十七（一九四二）年に公布された国民医療法によって設立された団体であり、国内の医療機関の統合を図り、国民の健康増進のために必要な医療施設の整備を推進していた。療養施設である「奨健寮」は、主に既存の医療施設や学校・ホテル等の異業種施設を転換して整備された。県内においては、那須・大田原・今市・鹿沼の四箇所。今市では鹿沼と同じく遊廓が転換利用された。鹿沼に縁のあった医学博士・小池重《しげる》が院長として着任した鹿沼奨健寮は、日光の古河電気精銅所の長期療養者や、付近の軍需工場従業員の治療や療養を行うための整備が進められたが、設備や人員が整わず所期の成果を上げないまま敗戦を迎えたという。

医療団の撤収後、昭和二二（一九四七）年三月に奨健寮の一部へ県立鹿沼保健所が移転し、九月まで同地で業務を執り行っていた。先立つ四月に鹿沼町は町会において町有林売却金の内三十万円を海外引揚者用の住宅整備費に充てることを決定し、元遊廓内の小林・竹澤の二楼を買収、改

図 40　旧鹿沼商工会議所（昭和 20 年代）
花崗岩製の門柱が見える。遊廓から移設されたものであろうか

修工事を経た後の九月に、引揚者・被戦災者専用のアパート「鹿苑荘《ろくおんそう》」として開所した。アパートは六畳間一室の一～三号棟から成り、六十世帯二二〇人を収容員数とした。

　翌昭和二三（一九四八）年、市制が施行され鹿沼市が誕生した。昭和二四（一九四九）年度版『鹿沼市勢要覧』には「鹿苑荘」の所在地は五軒町ではなく「下田町（南）」となっている。同地はその後、昭和二九（一九五四）年九月三十日、鹿沼市告示第六五号により、現在の町名である「下田町二丁目」となった。

　遊廓の解体後程なくして、その内外を区切っていた塀や入口に建つ大門は取り払われたと推測される。郷土史家・柳田芳男の著書『かぬま 郷土史散歩』には遊廓の大門（図40）について触れた次のような一節がある。

（遊廓の）つき当たりは大門で、両側に花崗岩の石柱を建てた。この門柱は、戦後の道路改修で久保町の旧商工会議所の入口に移され、現在は下田町一丁目、新貝島街道南側の平野運送株式会社（カワチ薬品の左隣）の門柱となっている。

（柳田芳男『かぬま 郷土史散歩』二四三頁）

門柱のその後を辿った貴重な記述である。ただし、当該記述時点である昭和五九（一九八四）年から四十年を経て町の様子はさらに変転している。平野運送は昭和六十（一九八五）年頃に他所へ移転し、門柱があったと思われる場所は現在、カワチ薬品の東側駐車場となっている。遊廓廃止後その門柱を再利用した例として、同じく栃木県内の「合戦場《かっせんば》」が挙げられる。合戦場遊廓は戦後、準公娼エリアである「赤線」として継続したが、「対花」「売笑」と彫られた花崗岩製の門柱は、赤線廃止後、栃木市警察署庁舎南側の入口に一時移設されていたという。[※11] 遊廓の象徴ともいえる大門の官公署への移設を是とする感覚は現代の感覚からは計り知れないが、戦後の物資不

※10 柳田芳男『上都賀郡市医師会史』上都賀郡市医師会、二〇〇六年、五五二頁～五五三頁。
※11『都賀町史』（歴史編）都賀町史編さん委員会、一九八九年。

足というやむを得ない事情や、あるいは公娼制度下の遺物を以て何らかの教訓とする意図が働いたのだろうか。鹿沼町遊廓の門柱の行方は平野運送の移転を最期に杳《よう》として知れないが、破砕処分されたのだろうか。

図 41　建設中の下田町改良住宅（『鹿沼市史』（地理編）より転載）

その後大門通りだった道路は遊廓を東へ突き抜ける形で延伸され、東小学校前を過ぎ黒川西岸に達し、昭和二六（一九五一）年までには朝日橋を架すことになる（図44）。高度経済成長期にかけて市街地周縁部への集住が進む中、周辺の農地であった場所にも住宅が建ち並び始めた。かつて遊廓だった場所が外界との差異を消失し溶解していく過程は、昭和四十（一九六五）年に鹿苑荘が老朽化により取り壊され、その跡地に鉄筋コンクリート五階建ての下田町改良住宅（市営アパート）（図41）が建設されるに及び一つの極点を迎えたといってよいだろう。

昭和三十～四十年代にかけての高度成長期を経たこの町は、やがて地方都市の宿命ともいえる中心市街地の空洞化という問題に直面する。モータリゼーションの進展や、大型小売店舗の進出による商業様態の変化、日吉台や晃望台等の住宅地整備による人口集中の分散など、総じて郊外化が進んだことが要因と考えられている。平成五（一九九三）年に策定された「中心市街地活性

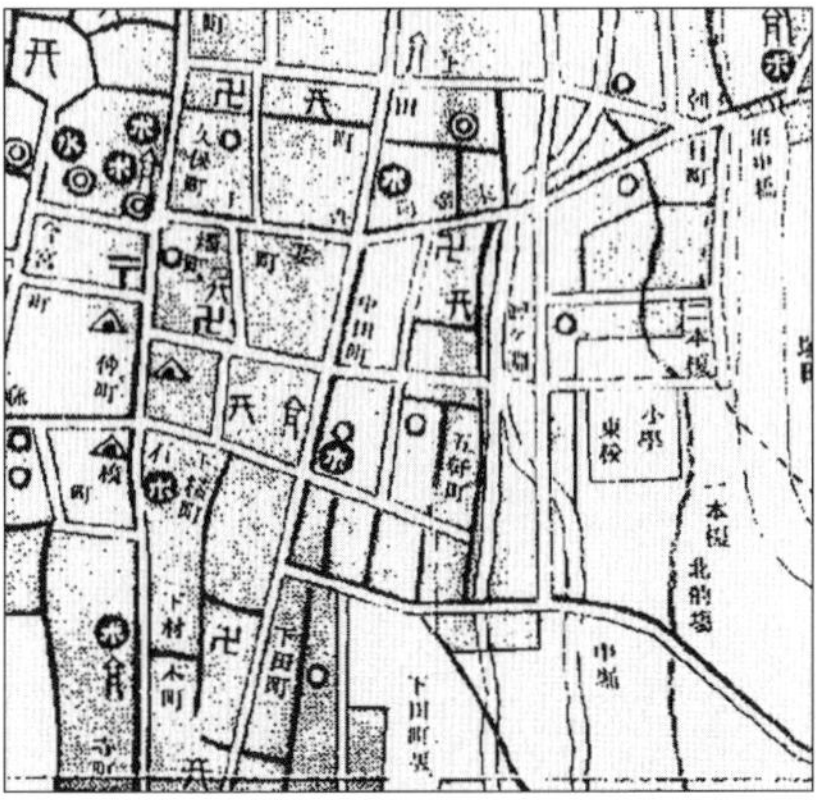

図 42　昭和初年における五軒町付近
（『栃木県上都賀郡鹿沼町勢一覧』1931 年）
「五軒町」の中央路は東側を流れる木島用水（二股になっている）までで止まっており、逃亡防止を図ったという『散歩』の記述に符合する

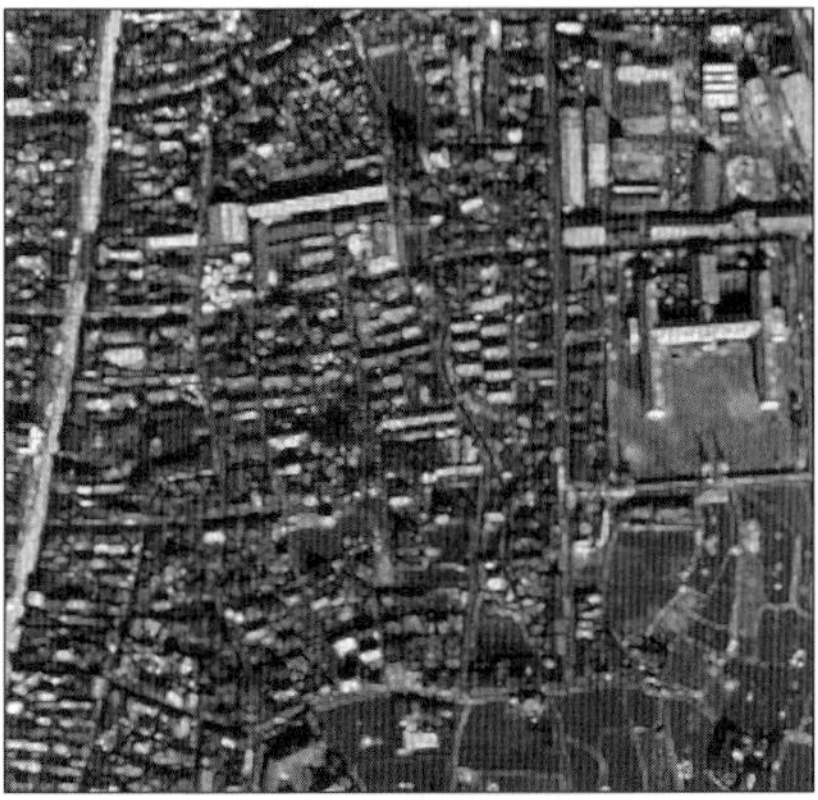

図 43　戦後間もない頃の旧五軒町付近
（1948 年米軍撮影、国土地理院所蔵）
左側に田町通り、右側 H 型の建物が東小学校。二股に分かれる木島用水が目印になるだろう。更地も目立ち解体後の遊廓の有り様を示す

化計画」では、遊廓があった下田町二丁目を含む、十一町が重点整備地区に指定された。計画の一環として平成八（一九九六）年～十九（二〇〇七）年度に実施された「下横町周辺土地区画整理事業」では、区画整理と併せて「古峯原宮通り」が整備された。これは、鹿沼の中心市街地と

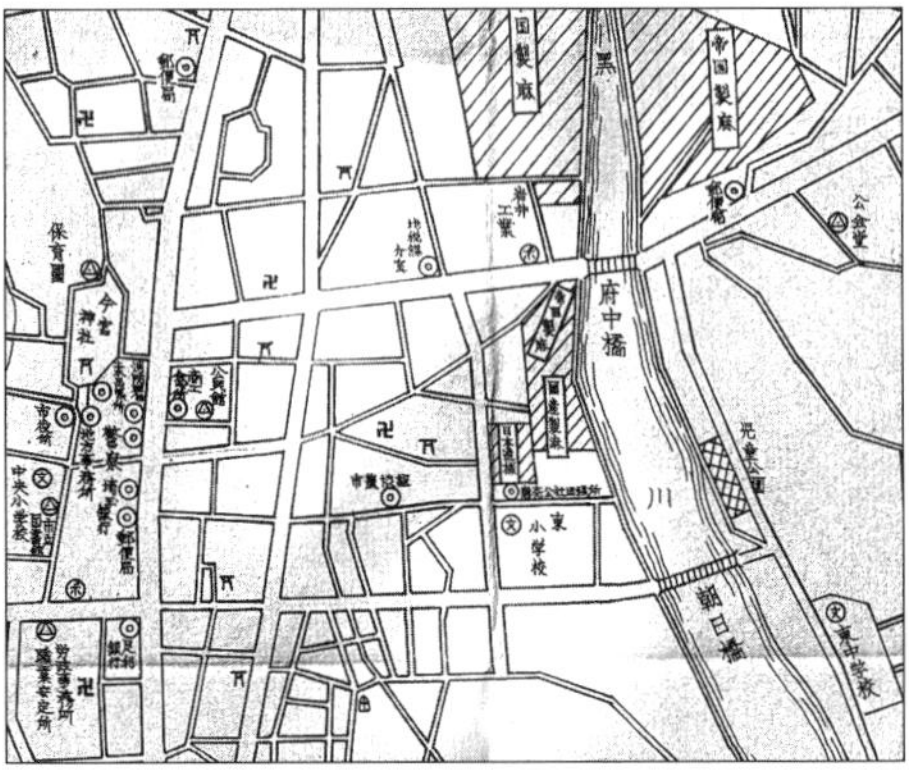

図 44　戦後復興期の旧五軒町付近
（『鹿沼市勢要覧・昭和 26 年度版』）
鹿沼市街図に見る旧五軒町周辺。遊廓解体後、東側を突き抜けた道路が東小学校前を過ぎ、朝日橋対岸まで延伸されていることが分かる

図 45　高度成長期の旧五軒町付近
（『鹿沼市住宅地図』1968 年、㈱住宅地図出版社）
五軒町周辺は、高度成長期にかけて住宅の集積が進んだ

宇都宮市を結ぶ基幹道路として石橋町交差点から下横町の街路を経て朝日橋に至る区間を押し並べて二十メートル幅に拡幅整備するもので、狭隘《きょうあい》な下横町通りと幅広な旧大門通りという対比を均一化することで、遊廓という「場所」に揺曳《ようえい》していた記憶の残滓を決定的に消し去るものであったのかもしれない。さらに平成二一（二〇〇九）年三月には、県道4号宇都宮鹿沼線（鹿沼街道）において、上野町から府中町までを直結するバイパスが開通し県都と鹿沼の中心市街地が東西にほぼ一直線に結ばれることとなった。

これまでの都市形成の経緯を、遊廓側の視点から展望するならば、廓の一部が広域的な都市計画の内に包含されていく過程が見えてこないだろうか。石橋町交差点から宇都宮方面を直結するというア

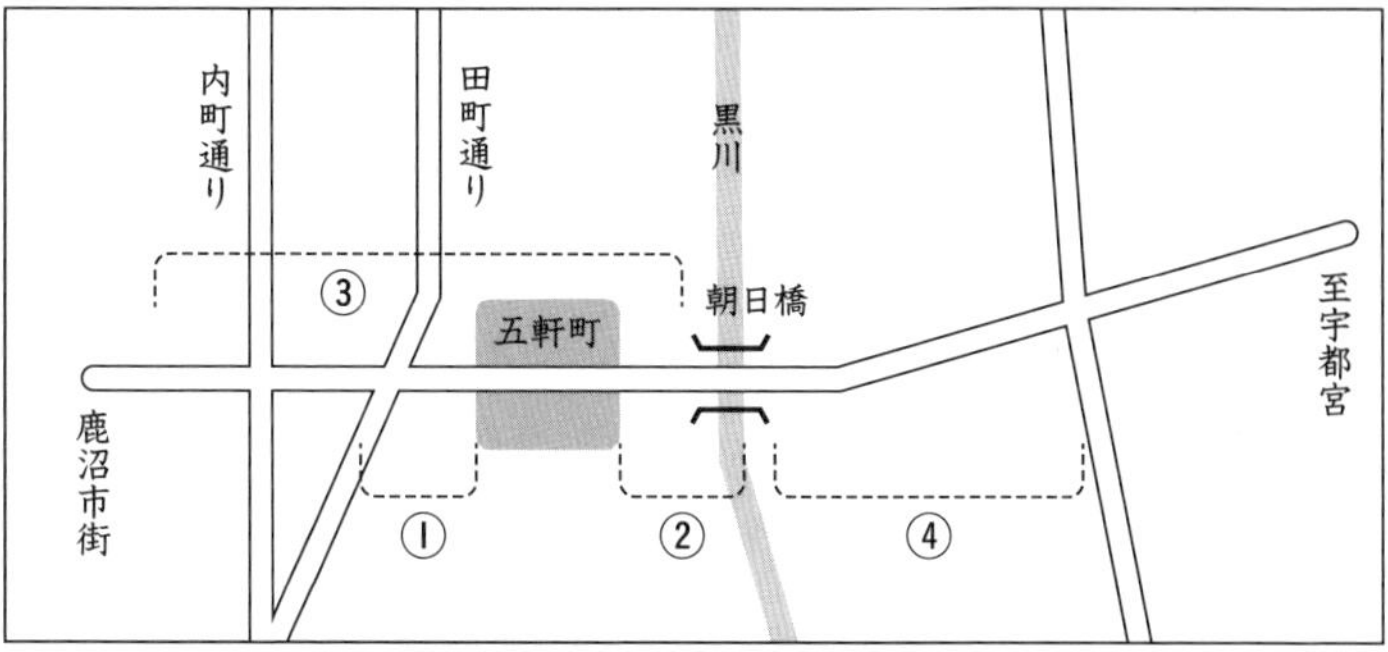

図 46　遊廓と都市道路整備の関係
①明治 41 年 : 田町通りから遊廓（五軒町）への進入路が取り付けられる。
②昭和 26 年頃 : 遊廓東端から黒川東岸へ道路が延伸され朝日橋が架設される。
③平成 19 年 : 「古峯原宮通り」が整備される。
④平成 21 年 : 「鹿沼街道」において上野・府中町間バイパスが開通する。

イデアは、たとえ遊廓が設置されなかったとしても生まれ得たものかもしれない。しかし、これを田町通りから遊廓の大門通りに至る取付道路が戦後、宇都宮へ延伸される都市計画道路に吸収されていった過程と捉えることもできるのではないか（図46）。こうした視点を得ることは、私たちの日々の営みや目前の事象が、歴史的事実の堆積の上に成立していることへ思い至らしめてくれるといえよう。

あとがき

令和五（二〇二三）年十月七、八日に、今宮神社例大祭の屋台行事や市民パレード等の一連の行事から成る「鹿沼秋まつり」が五年ぶりに開催された。普段は閑静な旧市街地の中心部は華やかな熱狂に包まれ、豪華絢爛な彫刻屋台の運行やお囃子の競演である「ぶっつけ」に、県内外から訪れた観衆が喝采を上げた。私自身も当番町である蓬莱町の若衆として初めて祭りに参加させていただいた。肌身に感じることができたこの熱気ばかりは、芸妓が手古舞として参加した往時の祭りと変わらないものではないだろうか。

デジタル化の進展やコロナ禍は、私たちの身体的・精神的なコミュニケーションのあり方に大きな影響を与えている。また少子高齢化や人口減少、さらには都市圏への人口流出等による町の活力低下やコミュニティの弱体化が危惧されて久しく、高度資本主義社会が極まり衰退の様相さえ呈しているようだ。その影響は鹿沼のような地方都市において如実に表れているのかもしれない。ここでは当該問題について追求する余裕はないが、かつて町が猥雑でありながらも活況に満ちていた時代が確かにあった。今日の疲れを癒し明日の活力を養うために人々が集う「盛り場」は、まさしく町の元気のバロメーターたり得たのではないだろうか。

鹿沼に即していえば、明治時代の殖産興業策の下、宿場町を基礎として各種商工業が目覚ましい発展を遂げ人口は増加の一途を辿った。そうした中、料理店や銘酒屋、貸座敷や芸妓置屋等で構成される盛り場が形成され、人々が投じる遊興費も増大していったことだろう。盛り場の盛衰は地域の社会経済状況と一蓮托生というほど密接に関連していた。

文政・天保の改革における奢侈禁制によって歌舞音曲から彫刻屋台に祭の主体が移行したことをはじめ、今宮神社の付け祭りの形態は時代状況に応じて諸々の変遷を重ねてきた。祭りのみならず、そこに人が生活し生業を営む場所である限り、町は新陳代謝を繰り返しながら姿を変え続けていくだろう。花街の発生や消滅もこうした連綿たる変化の過程に位置付けられるものである。だからこそ、それをノスタルジアの対象としてのみ捉えるのではなく、「生きた歴史」として掬い上げ町の将来を担う若い世代に引き継いでいくべきではないか。そのような老婆心にも似た思いが本書を書き進める直接的な原動力となった。

また、本書執筆の間接的な動機となったのはコロナ禍であった。移動の自粛要請を含む緊急事態宣言が発令されて以降、否が応でも行動範囲が限定される中、自己が生まれ育った地を見つめ直す機会となったことは疑いないだろう。この間、情報収集のため足裏に感触を刻み込むほど町裏や路地を歩き尽くし、当時を知る人たちからの聞き取りを重ねた。中でもひょうたんさんや秀丸さんのご親族には、筆者の突然の訪問や不躾な質問に対していつでも親切に対応いただき感謝に堪えない。掲載をお許しいただいた写真資料は文献のみでは窺い知れない歴史の息吹を伝えるものであり、本書に温かい生命を与えてくれている。

本書の成立に当たってはその他多くの方から協力や支援を頂いた。講演の場を提供いただいた鹿沼史談会の福田純一さん。研究誌への論文掲載の労を負ってくれた鹿沼市教育委員会事務局文化課の堀野周平さん。「建築設計室わたなべ」の渡邉貴明さん。center の河野円《まどか》さんと田巻真寛《しんかん》さん。本稿の前身ともなった論考「鹿沼町遊廓小史」に目を掛けてくれたカストリ書房の渡辺豪さん。SNS上で繋がることのできた在野の研究人たち。そして扱い慣れないマイクロフィルム機器の使い方を懇切丁寧に教示いただいた栃木県立図書館職員の皆さん。また、街歩きの先達でもある同郷のギタリスト・小川倫生《みちお》さんやことある毎に的確な助言を頂いた前衛芸術家・高橋朝《つかさ》さんの存在は精神的な部分でも大きな支えとなった。この場を借りて皆さんに深甚なる感謝の意を表したい。

最後に、酔余の与太話に半ば呆れ顔にも根気強く付き合ってくれた家族たちへ。「ありがとう」

令和6年4月吉日

著　者

規定類

貸座敷渡世規則　明治六年八月　県布達

貸座敷渡世致度者ハ左ノ通可相心得事

一　貸座敷渡世ハ是迄ノ飯盛旅籠屋駅町ヲ除ノ外新規営業不相成候事

一　右渡世致度者ハ八月二十日迄願出鑑札可申受事

但免許受候後廃業致度者ハ其段届出鑑札可致返納事

一　飯盛女へ座敷貸渡並賄等仕出候様ノ儀ハ都テ相対以テ至当ノ代金取極可申事

但座敷料賄料等相滞附出候トモ一切不取揚候事

一　貸座敷渡世ノ者壱人ニ付一ヶ月金七拾五銭ツヽ前月栃木表へ可致上納事

一　座敷ハ相対ヲ以テ貸借致シ候義ニ付当人勝手合ニ寄他家へ転住候共決テ苦情ヲ唱故障等致間敷事

一　飯盛渡世ノ者へ座敷貸渡儀宿主ハ都合寄相断候共可為勝手事

但一旦貸渡候後相断候節ハ前以約候致置日限済ノ上為立退候様可致事

一 飯盛稼之者へ座敷貸渡日限中病気其他不時ノ儀出来共相互ニ迷惑不相成様兼テ其父兄親属並引受人等へ
示合可置候事

右之条々固ク可相守若違犯之者於有之ハ屹度可及処置モノ也

遊廓制度ノ儀ニ付建議書

内地雑居ハ改正条約ト倶ニ明治三十二年ヲ以テ将ニ実施セラレントス、諸般ノ準備ヲ整ヒ之ニ処スルノ策ヲ建ツルハ国ノ急務ナリト信ス
本県ニ於ケル貸座敷営業者ハ街路ニ接シ他ノ商工業者ト店舗ヲ交ヘ公然其業ヲ営ムガ如キハ国ノ体面ヲ害シ国民ノ風紀ヲ紊スヲ以テ其制度ヲ改メ漸次遊廓ノ制ニ依リテ以上ノ弊ヲ除カント欲ス、閣下斯意ヲ諒シ速ニ相当ナル処置ヲ施設セラレンコトヲ

右本会ノ決議ニ依リ及建議候也

明治三十一年十二月十八日

栃木県会議長　榊原経武

栃木県知事　萩野左門殿

遊廓設置規程　明治三二年九月　県令第六〇号

第一条　貸座敷及引手茶屋営業ハ遊廓区域内ニ限ル

第二条　遊廓ハ左ノ地域内ニ置ク

宇都宮市中河原町

河内郡富屋村大字徳次郎字上座禅堂

下都賀郡小山町大字神鳥谷字長福寺

同　郡石橋町大字石橋字牛井戸

同　郡富山村大字富田字竹ノ内

同　郡壬生町大字壬生字下台東

同　郡家中村大字平川字関取塚

安蘇郡堀米町大字堀米字安良町上北

同　郡田沼町大字田沼字中道

足利郡御厨村大字福居字中里小字上

上都賀郡鹿沼町大字西鹿沼字一丁田

同　郡西方村大字金崎字原

同　郡今市町大字今市字清水川

同　郡足尾町字向原
塩谷郡喜連川町大字喜連川字松並
同　郡氏家町大字氏家字伊勢後
同　郡矢板町大字矢板字東原
那須郡大田原町大字大田原字沼ノ袋
同　郡佐久山町大字佐久山字四ツ谷
同　郡烏山町東裏
同　郡黒羽町大字前田字郷前
同　郡東那須野村大字黒磯字原街道上
芳賀郡真岡町大字荒町字妹内
同　郡茂木町大字茂木字上ノ平
同　郡久下田町大字谷田貝字天水場

第三条　遊廓地ハ左ノ各項ニ該当スルコトヲ要ス
一　面積二千坪以上八千坪以下
一　官公衙学校病院又ハ重ナル作業所ニ接近セサルコト
一　国道県道又ハ交通品頻繁ナル里道及鉄道線路ニ接近セサルコト

第四条　遊廓ノ構造ハ左ノ各項ニ該当スルコトヲ要ス
一　遊廓ノ形状ハ方形又ハ円形ナルコト
一　遊廓内ノ道路ハ五間以上ナルコト
但裏道ハ此限ニアラス
一　遊廓ハ其境界ニ相当ノ墻塀ヲ設クルコト
一　遊廓ノ内周囲ニハ六尺以上ノ余地ヲ存スルコト
一　遊廓ノ内円ニハ相当ノ下水ヲ設クルコト
第五条　遊廓ハ其区域内ニ於テ営業ヲ為サントスル者ノ申請ニ依リ知事之ヲ指定ス
第六条　前条ノ申請ヲ為ストキハ第三条第四条各項ニ対スル計画ヲ詳記シ図面ヲ添ヘ所轄警察官署ヲ経由スヘシ
但申請ノ土地他ノ所有ニ係ルトキハ地主ノ承諾書ヲ添付スヘシ
附　則
第七条　従来ノ免許地ハ明治三十七年十二月三十一日迄其効力ヲ有ス
前項ノ期限内ト雖モ新規営業及譲渡ヲ為スコトヲ得ス、但相続ニ係ルモノハ此限ニアラス

売淫罰則　明治九年二月五日　乙第三五号

第一条　凡ソ免許ヲ得スシテ売淫ヲ為シ及ヒ媒合容止スル者初犯ハ十円以内再犯以上ハ弐十円以内、窩主初犯ハ十五円再犯以上ハ三十円以内ノ罰金ヲ科ス
但父母等ノ指令ヲナス者ハ其罰ヲ指令者ニ科ス

第二条　若シ無力ニシテ罰金ヲ徴収ス可カラサル売淫者及媒合容止初犯ハ二ヶ月半以内再犯以上ハ五ヶ月以内、窩主初犯ハ三ヶ月以内再犯以上ハ六ヶ月以内ノ苦使ニ処ス

第三条　売淫ニ類スル猥褻ノ現跡ヲ認ムル三度ニ至ル者ハ此規則ニ照シテ処置ス

第四条　売淫ノ罰ヲ受ケシ者、貧窮ニシテ自存スル能ハサルハ授産場ニ付シテ工芸ヲ授ケ其工事ニ習熟シ又ハ工銭ノ貯蓄ヲ得、就産ノ目途アルカ或ハ人に嫁スル等ノ類ハ親戚又ハ地主家主等身元慥カナル者ノ保証ヲ以テ之ヲ下付ス

第五条　右ノ者再犯ヲ為ストキハ保証人ヨリ五円以内ノ罰金ヲ科ス

第六条　寄留ノ者売淫ノ罰ニ処セシトキハ其親戚又ハ雇主受ケ人或ハ用掛等ヘ責付シ本籍ヘ送還セシムルコトアリ

第七条　右ノ罰金ハ総テ授産場ノ費用ニ充ツ

芸妓営業取締規則　明治四十三年三月　県令第二五号

第一条　芸妓営業ヲ為サムトスル者ハ左ノ事項ヲ具シ所轄警察官署ニ願出許可ヲ受クヘシ
一　本籍住所氏名年齢
二　芸名アルモノハ芸名
三　嘗テ芸妓、酌婦、娼妓タリシ者ハ其ノ場所及期間
四　戸籍謄本
五　配偶者アル者ハ其ノ配偶者未成年者ハ親権者若ハ後見人ノ承諾書（願書ニ連署スルモノハ承諾書ノ添付ヲ要セス）承諾ヲ得ル能ハサルトキハ其ノ事由
第二条　左ノ各号　該当スル者ニハ芸妓営業ヲ許可セス
一　公安若クハ風俗ヲ害スルノ虞アリ又ハ伝染性疾患アリ若クハ営業上不適当ト認ムル者
二　十二歳未満ノ者
第三条　左ノ場合ニ於テハ五日以内ニ所轄警察官署ニ届出許可証ノ書換又ハ再渡ヲ請フヘシ
一　許可証面ノ事項ニ異動ヲ生シタルトキ
二　許可証ヲ亡失毀損シ又ハ文字不明ニ至リタルトキ
第四条　廃業シタルトキハ五日以内ニ許可証ヲ添ヘ所轄警察官署ニ届出ヘシ

第五条　営業者ニシテ他ノ警察官署ノ所轄内ニ転居営業セムトスルトキハ現住地ノ警察官署ヲ経由シ転住地所轄警察官署ニ願出許可証ノ書換ヲ請フヘシ

第六条　営業中ハ許可証ヲ携帯スヘシ

第七条　営業者ハ左ノ所為ヲ為スコトヲ得ス

一　許可証ヲ他人ニ貸与スルコト

二　日出前及夜間十二時後客席ニ侍スルコト但遊廓区域内ハ此限ニアラス

三　警察官署ニ届出ヲ為サスシテ旅行又ハ外泊スルコト

四　宿屋ニ於テ営業ヲ為スコト

五　自宅ニ客ヲ誘引シ又ハ宿泊セシムルコト

第八条　警察官署ハ肺結核、癩、梅毒、疥癬、其他伝染性疾患アリト認ムルトキハ其指定シタル医師ノ健康診断書ヲ提出セシムルコトヲ得

第九条　営業者ニシテ営業規約ヲ設ケムトスルトキハ其規約書写ヲ添ヘ主幹者ヨリ所轄警察官署ニ届出許可ヲ受クヘシ其変更ヲ為サムトスルトキ亦同シ

前項規約ニシテ公安若クハ風俗上必要アリト認ムルトキハ之ヲ許可セス又ハ認可後ト雖モ取消スコトアルヘシ

第十条ノ一　警察官署ハ本則ニ違背シ若クハ公安風俗ヲ害スルノ虞アリ又ハ伝染性疾患アリ若クハ就業上不適当ト認ムルトキハ其営業ヲ禁止若クハ停止スルコトアルヘシ

第十条ノ二　警察官署ハ公安若クハ風俗取締上必要アリト認ムルトキハ営業者ノ居住又ハ組合事務所ノ位置ヲ制限スルコトアルヘシ

第十一条　本則第一条第七条及第八条ノ命令ニ違背シタル者ハ拘留又ハ科料ニ第三条乃至第六条ニ違背シタル者ハ科料ニ処ス

附　則

第十二条　従来ノ営業者ニシテ本則施行後引続営業セムトスル者ハ明治四十三年四月十五日迄ニ許可証写ヲ添ヘ届出ヘシ其届出為ササル者及本則施行ノ日ヨリ向フ一ヶ年後ニ於テ満十二歳ニ満サル者ハ許可ノ効力ヲ失フ

鹿沼町花街史

西暦	元号	鹿沼の花街	鹿沼市	日本・世界
1869	明治2		2月：日光県設置	
1870	明治3			
1871	明治4		11月：日光県を改称し栃木県設置	7月：廃藩置県 11月：岩倉使節団を欧米派遣
1872	明治5	10月：宇都宮県が娼妓芸妓渡世規則制定		7月：マリア・ルス号事件 8月：学制公布 10月：芸娼妓解放令布告
1873	明治6	8月：県が貸座敷渡世規則制定	6月：栃木県と宇都宮県が合併し栃木県設置 鹿沼市域大区小区制により2大区10小区設置	1月：徴兵令公布 7月：地租改正条例公布 12月：東京府が貸座敷渡世規則・娼妓規則・芸妓規則制定
1874	明治7		鹿沼の各村に小学校が設置	
1875	明治8	12月：県が貸座敷並娼妓渡世税則制定	県が地租改正着手	5月：樺太・千島交換条約締結
1876	明治9	9月：県が売淫罰則制定 10月：県が娼妓梅毒検査規則制定		8月：秩禄処分
1877	明治10			2月：西南戦争（～9月）
1878	明治11		地方三新法により大区小区制廃止。郡制に移行 上都賀郡役所が鹿沼宿に設置	
1879	明治12		12月：保晃会設立	
1880	明治13			
1881	明治14			10月：明治14年の政変、国会開設詔発布
1882	明治15	7月：県が娼妓検梅規則・娼妓入院規則制定 9月：鹿沼駆梅院設置		4月：群馬県で廃娼令布達
1883	明治16			
1884	明治17	8月：鹿沼他5宿の貸座敷業者が移転を県庁へ出願	10月：県庁が栃木町から宇都宮町に移転 10月：上都賀郡役所庁舎落成	10月：秩父事件

1885	明治18			
1886	明治19			12月：東京婦人矯風会結成
1887	明治20	12月：県が娼妓梅毒検査規則制定	11月：下野麻紡織会社設立	
1888	明治21			4月：市制・町村制公布
1889	明治22		4月：町村制施行により鹿沼市域が1町13村に再編成	2月：大日本帝国憲法発布
1890	明治23	5月：県が貸座敷娼妓取締規則制定 5月：県が貸座敷娼妓賦金徴収規則制定	6月：日本鉄道日光線開通（鹿沼駅開業）	11月：第1回帝国議会開会
1891	明治24			
1892	明治25			
1893	明治26	9月：県が料理屋飲食店待合茶屋取締規則制定	5月：鹿沼銀行設立 7月：下野麻紡織会社が下野製麻株式会社に改称	
1894	明治27	1月：宇都宮市で貸座敷が新地（亀廓）に移転		8月：日清戦争（～95年）
1895	明治28		8月：鹿沼商業銀行設立	4月：三国干渉
1896	明治29			
1897	明治30			
1898	明治31	12月：県会が「遊廓問題ノ儀ニ付建議書」提出		
1899	明治32	9月：県が遊廓設置規程制定 12月：県会が「遊廓設置規程取消ニ関スル意見書」提出		
1900	明治33	3月：鹿沼町で遊廓指定地（西鹿沼）の据置請願提出 11月：県が娼妓健康診断規則制定 11月：鹿沼娼妓治療所指定	高橋元四郎が鹿沼町の町会議員当選	6月：義和団事件により出兵 10月：娼妓取締規則発布
1901	明治34			
1902	明治35		9月：足尾台風により鹿沼町役場倒壊	1月：日英同盟締結

西暦	元号	鹿沼の花街	鹿沼市	日本・世界
1903	明治36		7月：下野製麻・近江麻糸紡織・大阪麻糸の合同により日本製麻株式会社創立	11月：平民社結成
1904	明治37	1月：遊廓設置規程改正により移転期限3年延長	3月：猪野春吉町長就任	2月：日露戦争（～05年）
1905	明治38			9月：ポーツマス講和条約調印
1906	明治39		粟野町が町制施行	11月：南満洲鉄道株式会社設立
1907	明治40	3月：県が料理屋営業取締規則制定	3月：蓬莱町大火 7月：日本製麻と北海道製麻が合併し国製麻株式会社設立 9月：宇都宮市が第十四師団衛戍地となる 高橋元四郎が県会議員当選	
1908	明治41	3月：鹿沼町で貸座敷が遊廓に移転（五軒町成立）		
1909	明治42	2月：鹿沼・五軒町遊廓内に椿森稲荷神社移築	7月：町長飯野春吉が鹿沼会設立 鹿沼尋常高等小学校新築	5月：大逆事件 10月：伊藤博文暗殺
1910	明治43	3月：県が芸妓営業取締規則制定 3月：椿森稲荷遷座記念碑建立		8月：韓国併合
1911	明治44			2月：関税自主権確立 7月：廓清会結成 9月：『青鞜』創刊
1912	大正1	12月：鹿沼芸妓屋組合と料理店組合が玉代値上げを巡り紛擾		12月：憲政擁護大会開催
1913	大正2		2月：電灯料値下げ運動起こる 9月：日本麻糸株式会社設立	2月：桂太郎内閣総辞職
1914	大正3			7月：第一次世界大戦勃発
1915	大正4	11月：鹿沼の御大典奉祝行事で芸妓の祝賀踊披露	10月：鹿沼町役場庁新庁舎竣工	1月：対華二十一カ条要求
1916	大正5			
1917	大正6		8月：日本ロップベルト株式会社設立	11月：石井・ランシング協定締結

1918	大正7	4月：鹿沼芸妓が帝国製麻の慰安会に総出で饗応 4月『下野新聞』紙上で鹿沼芸妓（全6回）掲載	4月：隔離病舎完成 6月：鹿沼「茶目倶楽部」が新設の御殿山球場で野球試合	8月：米騒動始まる 8月：シベリア出兵 9月：原敬政党内閣成立 11月：第一次世界大戦終結 スペイン・インフルエンザ流行（〜20年）
1919	大正8			6月：ヴェルサイユ講和条約調印
1920	大正9		松井天山『鹿沼町実景』	1月：国際連盟発足 5月：初のメーデー開催
1921	大正10	県が11年度歳入予算に遊興税を初めて計上		
1922	大正11	6月：県が料理店遊興税責任納付額決定 10月：県貸座敷組合が遊興税撤廃請願提出		2月：ワシントン軍縮会議条約調印 3月：全国水平社創立大会
1923	大正12		帝国製麻と日本麻糸合併	9月：関東大震災 11月：全国公娼廃止期成同盟会結成
1924	大正13	5月：県が芸妓芸妓置屋営業取締規則制定 8月：鹿沼芸妓屋組合と料理店組合で祝儀値上げを巡り紛擾 11月：鹿沼で二業見番が設立	高橋元四郎が衆議院議員当選	
1925	大正14		4月：県立鹿沼高等女学校開校	4月：治安維持法公布 5月：普通選挙法公布
1926	昭和1			6月：廓清会婦人矯風会連合結成
1927	昭和2	6月：鹿沼座で芸妓組合主催の舞踊会		3月：金融恐慌始まる
1928	昭和3			4月：第二次山東出兵 6月：張作霖爆殺事件 9月：花柳病予防法施行
1929	昭和4	廃娼栃木県盟支部設立	4月：東武日光線市域に5駅開業、10月全線開業	10月：世界恐慌始まる 11月：金解禁実施
1930	昭和5	4月：鹿沼で二業見番5周年祝賀会		1月：ロンドン海軍軍縮会議
1931	昭和6	5月：鹿沼芸妓屋組合が不振によりに芸妓税・置屋税の軽減を町に陳情 8月：鹿沼芸妓が英国式ダンスを稽古	鹿沼町職業紹介所開設	9月：満洲事変勃発

西暦	元号	鹿沼の花街	鹿沼市	日本・世界
1932	昭和7	鹿沼・五軒町遊廓に北門設置	1月：鹿沼・石橋町で大火（芸妓屋4軒含む22戸が全焼）	3月：満洲国建国宣言 5月：五・一五事件
1933	昭和8		6月：高橋元四郎死去 鹿沼町で石山寅吉（社会大衆党）が町議当選	3月：国際連盟脱退の詔書
1934	昭和9	10月：鹿沼で二業見番10周年祝賀会		
1935	昭和10	4月：鹿沼芸妓屋組合が、野球チーム「キャット倶楽部」を結成 10月：鹿沼で支那西洋料理組合が女給学校設立 11月：健康週間の野球大会でキャット倶楽部がカフェー女給チームと対戦	7月：上都賀総合病院開院	
1936	昭和11			2月：二・二六事件
1937	昭和12	5月：鹿沼芸妓屋組合が「鹿沼音頭」「鹿沼小唄」を完成 6月：鹿沼芸妓たちがラジオ放送「栃木の夕」に臨む 6月：『鹿沼来たなら』が発行	4月：石山寅吉が衆議院に当選直後病死	7月：日中戦争勃発 11月：国民精神総動員運動始まる 11月：日独伊防共協定
1938	昭和13	4月：鹿沼署が従業婦たちに花柳病予防講話 7月：県警が花柳街及び飲食店の全面的刷新に乗り出す		4月：国家総動員法公布
1939	昭和14	8月：鹿沼署が従業婦の一斉検診断行の方針 10月：県警主導により県内の玉代が統一		5月：ノモンハン事件 9月：第二次世界大戦始まる
1940	昭和15	8月：県保安課が享楽面の刷新断行 9月：享楽街自粛禁止の県令		7月：奢侈品等製造販売制限規則発布施行（七・七禁令） 10月：大政翼賛会が結成
1941	昭和16		帝国製麻と太陽レーヨン合併し帝国繊維株式会社に改称	12月：アジア・太平洋戦争始まる
1942	昭和17	7月：県警が芸妓に対し婦道教育を実施 10月：県芸妓置屋連合会で慰問団を派遣を決定、鹿沼芸妓含む第三班は中支方面で活動	10月：大正製麻・日本麻紡織・東洋麻工業が帝国繊維に合併	6月：食糧管理法が公布

1943	昭和18	1月：県内で芸妓組合による建艦献金運動が実施 9月：鹿沼座で鹿沼芸妓屋組合による産業戦士慰安演芸会が開催 10月：県衛生課で従業婦に対して応急手当講習が実施 12月：鹿沼の料亭が産業戦士の宿等に転業 鹿沼・五軒町の貸座敷を町が強制買収		2月：ガダルカナル島敗退 10月：学徒出陣
1944	昭和19	9月：五軒町に鹿沼奨健寮が開所		3月：インパール作戦開始 3月：「高級享楽停止に関する要綱」閣議決定 8月：女子挺身勤労令
1945	昭和20	11月：鹿沼町で芸妓が生産面から復帰しお客争奪戦の様相を呈す	7月：鹿沼町空襲	8月：広島・長崎に原爆投下 8月：ポツダム宣言受諾を決定 8月：特殊慰安施設協会（RAA）設立 10月：「五大改革指令」
1946	昭和21	3月：鹿沼町では、新円対策として芸妓税引下げの動き 6月：県置屋連合会総会で芸妓の自由営業を申し合わせ	6月：鈴木金一郎が町長就任	1月：娼妓取締規則廃止 2月：金融緊急措置令（新円切替） 5月：食糧メーデー 11月：日本国憲法公布
1947	昭和22	4月：鹿沼町が奨健寮の一部を買収し被戦災・引揚者住宅（鹿苑荘）を着工 7月：県内で料飲店の一斉休業に伴い芸妓の休転業が増加 9月：鹿苑荘が開所 11月：県内で「闇の女」の一斉取締を実施	9月：カスリーン台風で市域被害	5月：日本国憲法が施行 7月：飲食営業緊急措置令（～49年） 12月：過度経済力集中排除法公布
1948	昭和23	10月：県税務課が遊興税徴収方法について公聴会を実施	10月：市制施行（鹿沼市誕生） 鹿沼高校成立	7月：風俗営業取締法公布 11月：極東国際軍事裁判所判決
1949	昭和24	5月：鹿沼市「さつき祭」で芸妓手踊りの余興	12月：今市地震で板荷村・西大芦村中心に被害	4月：ドッジ・ライン 8月：シャウプ勧告
1950	昭和25	7月：鹿沼芸妓が「紅鹿チーム」を結成し野球練習を開始 10月：鹿沼芸妓がノンプロ自転車競走に特別参加 12月：鹿沼市野球協会主催野球祭に紅鹿チームが参加	3月：宇都宮競輪場竣工 7月：帝国繊維、経済力集中排除法により3社分割、鹿沼工場は帝国製麻株式会社になる	7月：総評結成。レッドパージ始まる 8月：警察予備隊設置

西暦	元号	鹿沼の花街	鹿沼市	日本・世界
1951	昭和26	8月:鹿沼芸妓屋組合が料理店に玉代完全支払いを要求	4月:名塚リンが女性で初めて市議当選	9月:日米安全保障条約調印
1952	昭和27		鹿沼市・粟野町で教育委員会設置	8月:国際通貨基金・世界銀行に加盟
1953	昭和28	10月:鹿沼芸妓総出により商工会議所の花屋台を引く		3月:バカヤロー解散
1954	昭和29		10月:鹿沼市と7ヵ村合併	3月:第五福竜丸ビキニ水爆実験により被災 7月:自衛隊発足
1955	昭和30		1月:粟野町と3ヵ村(清洲村・永野村・粕尾村)が合併、初代町長に鰕原忠太郎が就任 7・8月:鹿沼市と南摩村、南押原村が合併	4月:バンドン10原則(平和十原則)採択
1956	昭和31		粟野町役場庁舎新築	5月:売春防止法公布 7月:経済白書「もはや戦後ではない」と書かれる 10月:日ソ共同宣言調印
1957	昭和32			4月:売春防止法施行 10月:ソ連人工衛星打ち上げ成功
1958	昭和33	1月:鹿沼芸妓屋組合がお座敷ストライキ突入 10月:鹿沼芸妓総出により市制10周年秋祭りの手古舞行列	鹿沼市庁舎新築	
1959	昭和34		11月:再合併により帝国繊維株式会社に戻る	9月:伊勢湾台風
1960	昭和35		5月:産業文化会館開館	1月:三井三池争議(~10月) 6月:日米新安保条約調印
1961	昭和36		12月:鹿沼市総合処理場完成	6月:農業基本法公布
1962	昭和37		健康都市宣言 11月:古澤俊一市長就任	10月:キューバ危機
1963	昭和38		落合忠太郎が粟野町長に就任	11月:ケネディ大統領暗殺
1964	昭和39			10月:東海道新幹線営業開始 10月:東京オリンピック開催
1965	昭和40		4月:日吉台団地分譲開始	2月:ベトナム北爆開始 6月:日韓基本条約調印

1966	昭和41		鹿沼市「農業構造改善事業基本計画」策定	
1967	昭和42	10月：鹿沼秋祭りで仲町が芸妓を手古舞として総雇い	5月：粟野高校発足	8月：公害対策基本法公布 8月：ＡＳＥＡＮ結成
1968	昭和43			4月：小笠原諸島本土復帰
1969	昭和44		2月：鹿沼工業団地竣工 鹿沼木工団地完成	5月：東名高速道路開通 7月：アポロ11号月面着陸に成功
1970	昭和45		晃望台住宅団地・みなみ町住宅団地完成	3月：大阪万博開催 11月：三島由紀夫割腹自殺
1971	昭和46		鹿沼市第一次総合計画策定	6月：沖縄返還協定調印
1972	昭和47		11月：東北自動車道岩槻・宇都宮間開通、鹿沼ＩＣ開設	3月：連合赤軍あさま山荘事件 5月：沖縄本土復帰 9月：日中国交回復
1973	昭和48		前日光牧場完成	10月：石油危機
1974	昭和49		6月：鹿沼ショッピングセンターが開設	
1975	昭和50		5月：鹿沼市花木センターオープン 西茂呂区画整理事業開始	
1976	昭和51		10月：鹿沼市公設地方卸売市場開場 黒川終末処理場一部完成、 鹿沼市公共下水道供用開始	2月：ロッキード事件問題化
1977	昭和52			7月：漁業水域二〇〇海里実施
1978	昭和53			8月：日中平和友好条約調印
1979	昭和54			
1980	昭和55		3月：坂田山土地区画整理事業完了 8月：鹿沼市民憲章制定	

図版所蔵一覧

口絵 i……個人蔵
口絵 ii（上）……個人蔵
口絵 ii（下）……個人蔵
口絵 iii（上）……個人蔵
口絵 iii（下）……個人蔵
口絵 iv……個人蔵
口絵 v……個人蔵
口絵 vi……個人蔵
口絵 viii……個人蔵
口絵 x……個人蔵
口絵 xii……個人蔵
口絵 xiv（上）……個人蔵
口絵 xiv（下）……個人蔵
口絵 xv（上）……個人蔵
口絵 xv（下）……著者撮影
口絵 xvi……個人蔵

序章扉……個人蔵
第1章扉……著者所蔵
第2章扉……栃木県立図書館蔵
第3章扉……個人蔵
第4章扉……個人蔵
第5章扉……個人蔵
第6章扉……個人蔵
補章扉……著者撮影
図1（上・下）……著者撮影
図2……著者作成
図3……鹿沼市蔵
図4（上）……個人蔵
図4（下）……著者撮影
図5……栃木県立図書館蔵
図6……栃木県立図書館蔵
図7……著者撮影

図8……栃木県立図書館蔵
図9……栃木県立図書館蔵
図10……著者撮影
図11……個人蔵
図12……栃木県立図書館蔵
図13……『江崎小秋歌謡選集』書影
図14……個人蔵
図15……著者蔵
図16……栃木県立図書館蔵
図17……栃木県立図書館蔵
図18……個人蔵
図19……個人蔵
図20……個人蔵
図21……栃木県立図書館蔵
図22……個人蔵
図23……栃木県立図書館蔵

図24……栃木県立図書館蔵
図25……栃木県立図書館蔵
図26……栃木県立図書館蔵
図27……栃木県立図書館蔵
図28……個人蔵
図29……栃木県立図書館蔵
図30……個人蔵
図31……鹿沼市広報広聴係蔵

図32……個人蔵
図33……個人蔵
図34……個人蔵
図35……鹿沼市広報広聴係蔵
図36……著者撮影
図37……『かぬま郷土史散歩』より転載
図38……『鹿沼町実景』大正9年、鹿沼市史叢書10『鹿沼の絵図・地図』付録より転載

図39……著者撮影
図40……鹿沼商工会議所蔵
図41……『鹿沼市史』(地理編)より転載
図42……鹿沼市立図書館蔵
図43……国土地理院所蔵
図44……鹿沼市立図書館蔵
図45……個人蔵
図46……著者作成

参考文献一覧

赤坂治績（２０２３）『江戸の芸者』集英社新書
足利市史編さん委員会編（１９７７）『近代足利市史』（第1巻）足利市
市川房枝編（１９７８）『日本婦人問題資料集成　第1巻』ドメス出版
宇賀神利夫（２００１）『足利史・雪輪町史』（私家版）
卯木伸男解説・随想舎編（２００９）『絵葉書が映す下野の明治・大正・昭和』随想舎
宇佐美ミサ子（２０００）『宿場と飯盛女』同成社
宇都宮市史編さん委員会編（１９８１）『宇都宮市史』（近・現代編2第8巻）宇都宮市
江口圭一（２０２０）『十五年戦争小史』筑摩学芸文庫
大嶽浩良編（２０２１）『栃木の流行り病　伝染病　感染症』下野新聞社
太田市編（１９８３）『太田市史』（資料編 近世3（太田宿本陣史料集））太田市
小野沢あかね（２０１０）『近代日本社会と公娼制度』吉川弘文館
小山市史編さん委員会編（１９８７）『小山市史』（通史編Ⅲ（近現代））小山市
小山市女性史編さん委員会編（２００２）『小山に生きた女性たち―近現代編―』小山市
加藤晴美（２０２１）『遊廓と地域社会』清文堂
加藤政洋（２００５）『花街』朝日新聞社
鹿沼市史編さん委員会編（１９９８）『鹿沼町事務報告書　明治二十七年〜大正十五（昭和元）年』（鹿沼市史叢書1）鹿沼市

鹿沼市史編さん委員会編（2000）『鹿沼市史』（資料編 近現代1）鹿沼市
鹿沼市史編さん委員会編（2000）『鹿沼市史』（資料編 近現代1 別冊鹿沼町歳入歳出決算書）鹿沼市
鹿沼市史編さん委員会編（2001）『鹿沼市史』（民俗編）鹿沼市
鹿沼市史編さん委員会編（2002）『鹿沼市史』（資料編 近世2）鹿沼市
鹿沼市史編さん委員会編（2003）『鹿沼市史』（地理編）鹿沼市
鹿沼市史編さん委員会編（2005）『鹿沼の絵図・地図』（鹿沼市史叢書10）鹿沼市
鹿沼市史編さん委員会編（2006）『鹿沼市史』（通史編 近世）鹿沼市
鹿沼市史編さん委員会編（2006）『鹿沼市史』（通史編 近現代）鹿沼市
鹿沼市商工課（1971）『鹿沼市商工名鑑　1971年版』鹿沼市
鹿沼市野球連盟（1998）『鹿沼の野球』鹿沼市
上都賀郡市医師会史編集委員会編（2006）『上都賀郡医師会史―上都賀郡市医事史―』社団法人上都賀郡市医師会
神崎清（1974）『売春　決定版・神崎レポート』株式会社現代史出版会
近現代日本エンタメ研究会（2022）『戦争と芸能』育鵬社
草間八十雄（1930）『女給と売笑婦』汎人社
桑原稲敏（1993）『女たちのプレーボール　幻の女子プロ野球青春物語』風人社
国立歴史民俗博物館編（2020）『性差の日本史』（図録）
小針侑起（2022）『遊廓・花柳界・ダンスホール・カフェーの近代史』河出書房新社
斎藤光（2020）『幻の「カフェー」時代』淡交社
三瓶恵史（1986）『福富金蔵伝記　あすなろは勁し』（私家版）

下野新聞株式会社（1931）『野州名鑑』下野新聞株式会社
下野新聞社編（1972）『郷土の人々　鹿沼・日光・今市の巻』下野新聞社
下野新聞社編（1980）『しもつけの唄』下野新聞社
白幡洋三郎（1996）『旅行ノススメ』中公新書
全国競輪施行者協議会（1957）『競輪と地方行政』全国競輪施行者協議会
曽根ひろみ（2023）『娼婦と近世社会（新装版）』吉川弘文館
田中優子（2016）『芸者と遊び』角川ソフィア文庫
谷川健司（2021）『ベースボールと日本占領』京都大学学術出版会
津金澤聰廣・土屋礼子編（2004）『村島帰之著作選集』（第4巻 売買春と女性）柏書房
都賀町史編さん委員会編（1989）『都賀町史』（歴史編）都賀町
筒井清忠編（2021）『大正史講義【文化編】』ちくま新書
寺澤優（2022）『戦前日本の私・性風俗産業と大衆社会』有志舎
東武鉄道史編纂室編（1998）『東武鉄道百年史』東武鉄道
栃木県議会図書員会編（1983）『栃木県議会史』（第1巻）栃木県議会
栃木県議会図書員会編（1985）『栃木県議会史』（第2巻）栃木県議会
栃木県議会図書員会編（1987）『栃木県議会史』（第3巻）栃木県議会
栃木県警察史編さん委員会編（1977）『栃木県警察史』（上巻）栃木県警察本部
栃木県警察史編さん委員会編（1979）『栃木県警察史』（下巻）栃木県警察本部
栃木県史編さん委員会編（1976）『栃木県史』（資料編・近現代一）栃木県

栃木県史編さん委員会編（1977）『栃木県史』（資料編・近現代二）栃木県
栃木県史編さん委員会編（1982）『栃木県史』（通史編6・近現代一）栃木県
栃木県社会事業史刊行委員会（1977）『栃木県社会事業史』栃木県社会福祉協議会
内務省警保局編（1931）『公娼と私娼』内務省警保局
中川保雄編（2012）『古河の花柳界とその界隈　資料集』下田出版
浪江洋二編（1961）『白山三業沿革史・白山創立五十周年記念』雄山閣出版
日本自転車振興会（1960）『競輪十年史』日本自転車振興会
日本遊覧社（2014）『全国遊廓案内（復刻版）』カストリ書房
橋田一黄（1938）『句文集　光陰』東京美術
平井和子（2023）『占領下の女性たち』岩波書店
藤井忠俊（1985）『国防婦人会』岩波新書
藤野豊（2001）『性の国家管理』不二出版
藤目ゆき（1998）『性の歴史学』不二出版
藤原町史編さん委員会編（1983）『藤原町史』（通史編）藤原町
古川岳志（2018）『競輪文化―働く者のスポーツの社会史』青弓社
松川二郎（2016）『全国花街めぐり』（上・下巻（復刻版））カストリ書房
松沢裕作・高嶋修一編（2022）『日本近・現代史研究入門』岩波書店
三宅孤軒（1935）『芸妓読本』全国同盟料理新聞社
宮島新一（2019）『芸者と遊廓』青史出版

八木久仁子（２０２２）『女子野球史』東京図書出版
柳田芳男（１９９１）『かぬま郷土史散歩』晃南印刷株式会社出版部
山家悠平（２０１５）『遊廓のストライキ（新装版）』共和国
吉見義明（２０１９）『買春する帝国』岩波書店
劉建輝・石川肇編（２０２２）『戦時下の大衆文化　統制・拡張・東アジア』株式会社ＫＡＤＯＫＡＷＡ
歴史学研究会・日本史研究会編（２０１４）『慰安婦問題を／から考える』岩波書店
川崎勝（１９７７）「栃木県における廃娼運動の形成」（『栃木県史研究』第13号）栃木県教育委員会
武田俊輔（２００１）「民謡の歴史社会学　ローカルなアイデンティティ／ナショナルな想像力」（『ソシオロゴス』（25））
福田純一（２００４）「大正時代の鹿沼町の景観―「上都賀郡鹿沼町実景」の分析を中心として―」（『かぬま歴史と文化』第9号）
福本康之（２００１）「昭和戦前期の仏教洋楽に関する一考察（Ⅱ）」（『環境と経営』静岡産業大学論集7）
松田有紀子（２０１２）「芸妓という労働の再定位　労働者の権利を守る諸法を巡って」（『生存学研究センター報告書』17）
森田哲至（２０１１）「新民謡運動と鶯芸者による「昭和歌謡」の成立と発展」（『日本橋学研究』第4巻1号）
渡邉貴明（２００８）「鹿沼市旧市街の歴史的生活環境に関する研究」（『宇都宮大学大学院工学研究科 博士前期課程 建築系 修士研究梗概集 平成20年度』）

協力・資料提供一覧（敬称略）

飯塚　毅
小川　倫生
神山　修
河野　円
下田　太郎
高橋　朝
田邉　幸子

田巻　真寛
福田　純一
藤田　義昭
堀野　周平
渡邉　節子
渡辺　豪
渡邉　貴明

鹿沼市
鳥長
梅月
薬王寺

［著者紹介］

野《の》中《なか》富《とみ》弘《ひろ》

1978年　栃木県鹿沼市生まれ
2000年　千葉大学文学部　日本文化学科卒業
現在、鹿沼市教育委員会事務局文化課文化財係長

［著　書］『鹿沼町遊廓小史』（カストリ出版、2021年）

芸妓たちの野球チーム
― 鹿沼町花街小史 ―

2024年9月30日　第1刷発行

［著　者］　野 中 富 弘

［発　行］　有限会社　随 想 舎

〒320-0033 栃木県宇都宮市本町10-3 TSビル
TEL 028-616-6605　FAX 028-616-6607

振替　00360-0-36984
URL　https://www.zuisousha.co.jp/
E-Mail　info@zuisousha.co.jp

［装　丁］　塚原 英雄

［印　刷］　晃南印刷株式会社

定価はカバーに表示してあります／乱丁・落丁はお取りかえいたします

ISBN978-4-88748-436-8